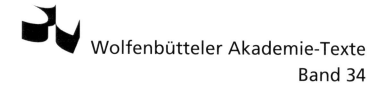

Wolfenbütteler Akademie-Texte
Band 34

Karl Ermert
(Hrsg.)

**Evaluation
als Grundlage und Instrument
kulturpolitischer Steuerung**

Bundesakademie für kulturelle Bildung Wolfenbüttel 2008

Dokumentation der Tagung „Evaluation als Grundlage und Instrument kulturpolitischer Steuerung" der Bundesakademie für kulturelle Bildung Wolfenbüttel am 29. und 30 August 2007 in Kooperation mit der Kulturpolitischen Gesellschaft.

Tagungsplanung: Karl Ermert, Bernd Wagner
Tagungsleitung: Karl Ermert

Der Band enthält Originalbeiträge. Sofern es sich um Tonbandnachschriften handelt, sind die Texte von den Autorinnen und Autoren durchgesehen und autorisiert.
Redaktion: Karl Ermert

Die Bundesakademie für kulturelle Bildung Wolfenbüttel im Internet:
www.bundesakademie.de

Die Reihe Wolfenbütteler Akademie-Texte wird herausgegeben von der Bundesakademie für kulturelle Bildung Wolfenbüttel.

Wolfenbüttel 2008

ISBN 978-3-929622-34-8
EAN 9783929622348

Herstellung: Books on Demand GmbH, Norderstedt
Vertrieb: Libri GmbH, Hamburg (s. www.libri.de), Buchhandel und Bundesakademie für kulturelle Bildung Wolfenbüttel (s. www.bundesakademie.de und dort unter Publikationen)

Inhalt

EVALUATION ALS INSTRUMENT KULTURPOLITISCHER STEUERUNG
- FOLGERUNGEN

ERGÄNZUNGEN

ZIELFORMULIERUNGEN UND FÖRDERKRITERIEN IM FREIEN
THEATERBEREICH

DAS EVALUIERUNGSVERFAHREN DER LEIBNIZ-GEMEINSCHAFT

ANHANG

„TRIFFST DU NUR DAS ZAUBERWORT ..."
EINLEITENDE BEMERKUNGEN

Karl Ermert

Jeder, der etwas tut, ist auch daran interessiert, dass es etwas bewirkt. Das gilt auch für jede Institution, auch im Bereich Kultur und Kulturvermittlung und, zu Recht, für Kulturpolitik und Kulturverwaltung. Für diese Wirkung hat jeder auch Maßstäbe, die er aus seiner Erfahrung und Lebenswelt kennt und anwendet. In der Regel handelt es sich um eine Mischung aus quantitativen und qualitativen Kriterien. Selten aber werden sie offengelegt und explizit benannt und noch viel seltener werden sie systematisch überprüft.

Evaluation als Steuerungsinstrument soll Meinungen und Behauptungen durch Nachweise, Subjektivität durch Objektivität ersetzen. Evaluation soll in das Dickicht von Annahmen, Behauptungen und Glauben an die Sinnhaftigkeit und Wirksamkeit der Arbeit von Institutionen Transparenz, Rationalität und wissenschaftlich abgesicherte Nachvollziehbarkeit bringen. Wo bislang Gewohnheiten, Vorurteile sowie politische oder persönliche Vorlieben Entscheidungen bestimmen, sollen Leistung und faktengestützte Vernunft entscheiden. „Evaluation" gleicht einem kulturpolitischen Zauberwort, freilich in einer ganz unromantischen Situation und in einem ebenso unromantischen Sinn. Es geht um Output und Outcome, um Effekte, Effektivität und Effizienz, also um Wert und Wirkung von Maßnahmen und Projekten, um die Arbeit von Institutionen, die darzustellen und hinsichtlich ihrer Aufwand-Nutzen-Relation zu überprüfen sind.

Evaluation provoziert Befürchtungen. Überall dort, wo das Produkt von Arbeit nicht letztlich in Messbarem und Zählbarem erfasst werden kann – und das sind viele Gebiete, auf jeden Fall aber Kulturproduktion und Kulturvermittlung, wird befürchtet, dass die Bedeutung der Arbeit letztlich auf ein paar quantitative Kennzahlen zusammenschnurrt. Man sieht die Gefahr, dass die Kriterien der Evaluation das „Eigentliche" der jeweiligen Arbeit nicht erfassen. Und schließlich wird befürchtet, dass der Aufwand der Evaluation in keinem Verhältnis zum Ergebnis steht.

Evaluation kann positive Erwartungen hervorrufen, dass man für seine eigene Steuerung hilfreiche Instrumente bekommt, die die innere Entwicklung einer Einrichtung fördern und erleichtern. Auch die Verantwortlichen in Einrichtungen und Verbänden sind organisationsintern immer stärker auf Wirksamkeitsüberlegungen bei Arbeits- und Projektplanungen angewiesen. Und die Erwartung, in Bezug auf die Wertschätzung der geleisteten Arbeit nun nicht mehr vor allem den Gewohnheiten, Vorurteilen und Vorlieben der Geldgeber ausgeliefert zu sein, sondern seine Arbeit nach transparenten Verfahren und/oder objektiven Kriterien darstellen zu können.

Als die Bundesakademie für kulturelle Bildung Wolfenbüttel sich 2004 in einer ersten Tagung mit dem Thema Evaluation auseinander setzte[1], hielt Staatssekretär Lange vom niedersächsischen Ministerium für Wissenschaft und Kultur ein verhältnismäßig furioses Plädoyer für die Einführung systematischer Qualitätsvergleiche, für Wettbewerb um öffentliche Mittel und für umfassende Arbeitsdokumentationen – analog zum Bereich Hochschule und Wissenschaft – auch im Kulturbereich. Das hat in vielen niedersächsischen Ohren nicht nur nach dem (damals) neuen Besen geklungen, der ja bekanntlich erst einmal gut kehrt, sondern auch bedrohlich. Das Thema ist dann vom Land Niedersachsen gegenüber den von ihm geförderten Einrichtungen bislang insofern weiter verfolgt worden, als mit vielen landesgeförderten Einrichtungen Ziel- und Leistungsvereinbarungen geschlossen wurden, die auch mit Berichtspflichten verbunden sind. Das kann ich – als auch davon Betroffener – jedenfalls bislang nicht als grundsätzlich bedrohlich erkennen, sondern eher als hilfreich, weil dadurch die Leistungen und Anforderungen transparenter werden, zumal durch den zugrunde liegenden Aushandlungsprozess, und die Leistungen des Landes in Form der Fördersummen über einen Zeitraum von mehreren Jahren festgeschrieben wurden, was immerhin die Planungssicherheit erhöhte. Die Vereinbarungen sind bislang nicht mit förmlichen Evaluationsverfahren verknüpft.

Jeder, der etwas tut, ist daran interessiert, dass es auch etwas bewirkt. Aber was? Was sind Merkmale von Wirkung oder Merkmale von Qualität?

Ein Konflikt ergibt sich häufig aus den unterschiedlichen Logiken zu Güte und Wirksamkeit von Maßnahmen zwischen der internen Perspektive der Macher, der Fachgemeinschaft und der Förderer (öffentliche Hand, Stiftungen, Sponsoren).

Was soll gelten? Besucherzahlen, Besucherurteile, Urteile der jeweiligen Fachgemeinschaft, Medienberichte und ihre Tendenzen, die Nachahmung durch Andere ...? Oder auch, wenn wir beispielsweise Fortbildungsveranstaltungen wie hier an der Akademie betrachten: Verhaltensänderungen von Fortbildungsteilnehmern einer Tagung oder eines Seminars, ihr beruflicher Erfolg ...?

Es gibt nichts Unmessbares, es gibt nur schnell Messbares und weniger schnell Messbares – es sei denn, wir wollten uns auf die metaphysische Ebene begeben. Aber „messbar" heißt eben nicht nur „zählbar".

Diese Tagung, deren Dokumentation hier vorgelegt wird, gab Gelegenheit, sich mit dem Thema Evaluation erneut auseinander zu setzen. Der Fokus der

---

[1] Karl Ermert (Hrsg.): Evaluation in der Kulturförderung. Über Grundlagen kulturpolitischer Entscheidungen. Wolfenbüttel 2004. (= WAT Bd 18)

Fragestellung lag bei Evaluation als Instrument der kulturpolitischen Steuerung: Es ging also um die Schnittstelle zwischen Machern im Bereich von Kulturpolitik (und Kulturverwaltung) und Machern im Bereich der praktischen Arbeit von Kulturinstitutionen.

Im Zentrum der Tagung standen exemplarische Beiträge sozusagen aus den Provinzen der Evaluation im Kulturbereich. Die enorme Bandbreite der Verfahren und Kriterien, die angewendet werden (können) hinterließ vermutlich bei manchem Teilnehmer nicht nur ein Gefühl der Erleichterung, sondern auch der Ratlosigkeit, immer noch nicht klar zu wissen, wie denn Evaluation „geht". Die Botschaft aus dieser Erfahrung sollte sein: Es gibt eben nicht *die* Evaluation, sondern immer nur Kriterien und Verfahren, die – aus dem Baukasten der Evaluationstheorie und –praxis – auf den individuellen Fall zusammengestellt werden müssen. Es gibt eben auch gute und schlechte, vielleicht besser: angemessene und unangemessene Evaluationen. Und: Evaluationskriterien und –verfahren müssen immer in Abstimmung im Dreieck zwischen Auftraggebern und Auftragnehmern von Evaluation und den Evaluierten ausgehandelt werden, wenn sie denn sinnvoll und nachhaltig wirken sollen. Daher sind auch die Kultureinrichtungen gut beraten, sich auf dem Gebiet der Evaluationstheorie und –praxis kundig zu machen, wenn sie in diesem Prozess als Partner auf Augenhöhe mitwirken wollen.

Ich danke den Referentinnen und Referenten der Tagung für ihre qualitätvolle Mitwirkung und dafür, dass sie uns ihre Beiträge auch für diese Dokumentation zur Verfügung gestellt haben.

Ich bedanke mich bei dem Kooperationspartner Kulturpolitische Gesellschaft insbesondere in Person von Bernd Wagner, dem Leiter des Instituts für Kulturpolitik der KuPoGe, für die erfreuliche Zusammenarbeit bei der Vorbereitung. Bernd Wagner hat in den „Ergänzungen" zu der Tagungsdokumentation einen eigenen Beitrag eingebracht. Ihm ist auch die Verbindung zu Carsten Klein zu verdanken, Leiter des Referats Evaluierung der Wissenschaftsgemeinschaft Gottfried Wilhelm Leibniz (Leibniz-Gemeinschaft) e.V., der auf unsere Bitte einen aufschlussreichen Beitrag in den „Ergänzungen" zur Verfügung gestellt hat, in dem exemplarisch evaluatorische Praxis im Bereich wissenschaftlicher Forschung dargestellt wird.

Wolfenbüttel, im Dezember 2007
Karl Ermert

KUNST, KULTUR UND EVALUIERUNG - EINIGE GRUNDLEGENDE ÜBERLEGUNGEN ZUR EINEM PREKÄREN VERHÄLTNIS

Michael Wimmer[2]

Lassen Sie mich mit zwei Einschränkungen beginnen.

Erstens: Ich bin Musikerzieher und Politikwissenschafter und kein eidesstattlich geprüfter Evaluierer. Als Geschäftsführer von EDUCULT, einer kultur- und bildungspolitischen Grundlagen- und Beratungseinrichtung mit Sitz in Wien halte ich mich aber gerne in Grenzregionen auf, dort wo Unvermitteltes aufeinander stößt, in unserem Fall Kunst und Rationalität bzw. Ästhetik und Sozialwissenschaft, eine gute Gelegenheit, um Reibungswärme zu erzeugen.

Zweitens: Ich komme aus Österreich, aus einem Land mit einem reichen kulturellen Erbe, in dem aber die Erwartungen in eine evaluativ getragene „Evidence Based Policy", vor allem im Bereich der Kulturpolitik, noch sehr unterentwickelt sind.

Erwarten Sie also keine elaborierten Ausführungen zum Thema Evaluierung im Kulturbereich – Das werden Berufenere tun. Stattdessen verstehe ich mich als Mitglied der Vorgruppe, deren Job darin liegt, den Gegenstand anhand einiger Widersprüche offenzulegen, damit das Publikum aufzuwärmen und für Stimmung zu sorgen, auch wenn der Titel "Kunst, Kultur und Evaluierung - einige grundlegende Überlegungen zur einem prekären Verhältnis" noch etwas akademisch klingt.

Also lasse ich erstmals meinen Assoziationen freien Lauf, vielleicht finden Sie sie ja für ihre eigenen Überlegungen nützlich und erwägenswert.

KUNST ALS VERSTEINERTE FORMEN DES ÖKONOMISCHEN LEBENS

Ich beginne bei meiner Sommerlektüre. Da habe ich wieder Michael Baxandalls Band „Die Wirklichkeit der Bilder" hervorgeholt und darin geschmökert. Baxandall ist einer der führenden internationalen Kunsthistoriker mit Schwerpunkt Renaissance, der viele Jahre am Warburg Institut in London geforscht hat.

---

[2] Dr. Michael Wimmer, Musikerzieher und Politologe, ist Geschäftsführer von EDUCULT - Institut für Vermittlung von Kunst und Wissenschaft, Wien.

Baxandall berichtet in diesem Buch über die Auftragsverhältnisse zur Produktion von Altarbildern und Fresken in Italien des 15. Jahrhunderts. Diese Kunstwerke sind nicht einfach entstanden als eine genialische Eruption eines extraterritorialen Ausnahmemenschen, genannt Künstler sondern als ein Resultat einer klaren vertraglichen Vereinbarung zwischen Auftraggeber und Auftragnehmer, um eine Lieferung sicher zu stellen, die in der Regel dem entsprach, was der Auftraggeber mehr oder weniger genau vorgeschrieben hatte.

Dieser Umstand konnte sich nach Baxandall durchaus in dem Aussehen der Bilder niederschlagen: „Die Beziehung, von der die Malerei ein Ausdruck ist, war in erster Linie eine Geschäftsbeziehung, und einige der ökonomischen Praktiken der Zeit sind ganz konkret in den Gemälden verkörpert."

Geld spielt in der Kunstgeschichte seit jeher eine wichtige Rolle. Die Beispiele Baxandalls aber gehen darüber hinaus. Er spricht von einer engen Geschäftsbeziehung, die unmittelbare Auswirkungen auf die Malerei gehabt habe, etwa indem der Klient bereit war, nicht für ein Werk zu zahlen, sondern auch die einzelnen Modalitäten der Vergütung definiert hat.

Diesen Produktionsbedingungen folgend hat ein Auftraggeber wie Borso d'Este, der Herzog von Ferrara, der seine Gemälde prinzipiell nur nach dem Quadratfuß bezahlte – für die Fresken im Palazzo Schifanoia war sein Kurs zehn bolognesische Lire pro Quadrat-pede – eine andere Sorte Gemälde erhalten als ein kommerziell kultivierter Mann, etwa der Florentiner Kaufmann Giovanni de'Bardi, der den Maler für Material und Arbeitszeit entlohnte. Im übertragenen Sinn könnte man also sagen: Der Auftraggeber hat bekommen, was er verdient hat.

Die im 15. Jhdt. bestehenden verschiedenen Formen, Herstellungskosten zu berechnen, sowie die unterschiedlicher Bezahlung von Meistern und Gehilfen sind damit tief in den Stil der Gemälde eingegangen, wie wir sie heute sehen.

Daraus ergibt sich Baxandalls These: Gemälde stellten versteinerte Formen des damaligen ökonomischen Lebens dar.

Was lernen wir daraus? Geld als zahlenmäßig einfach darstellbare Form des Wertes von Kunst war schon immer wichtig. Ebenso wichtig aber waren detaillierte Kenntnisse zur Kunst beim Auftraggeber. Für die Produktion guter Kunst war nicht nur das Geld sondern auch der Kunstverstand des Auftraggebers unabdingbar. Eine Feststellung, die unmittelbare Assoziationen zur Auftraggeberschaft von heute wachruft.

Denn - das lehrt uns Baxandall - das Verhältnis von Auftraggeber und Auftragnehmern hatte unmittelbare Auswirkungen auf Form und Inhalt künstlerischer Produktion oder allgemeiner: Dass das, was wir sehen, wesentlich davon abhängt, in welcher Weise wir drauf schauen.

Und – so meine erste These - Evaluierung ist eine sehr spezifische Art, auf das, was in unserem Fall kulturell passiert, zu schauen und aus dem Geschauten Wertungen vorzunehmen.

In dem Zusammenhang erlaube ich mir, auf den Definitionsversuch von Evaluierung meines Koreferenten Reinhart Richter hinzuweisen, den er dankenswerter Weise bereits vorab zur Verfügung gestellt hat. Er spricht von einer „vertieften systematische Informationsgewinnung und Bewertung eines Themenfeldes, einer Institution, eines Projektes, eines Prozesses, um Ziele, Zielerreichung, Wirkungen, Ressourcennutzung, Prozesse zu bewerten, darüber zu kommunizieren und aus zu lernen".

Das klingt unverfänglich und erscheint zumindest auf den ersten Blick weitgehend neutral, ist es aber nicht, weil auch eine noch so vertiefte, systematische Form der Informationsgewinnung nicht darum herum kommt, zu selektieren. Es sind nie alle Informationen verfügbar. Und es ist niemand da, der sagen könnte, welche Informationen sich letztendlich als relevant herausstellen werden.

Stattdessen entscheidet die Art und Umfang der Informationsgewinnung wesentlich über das letztendliche Resultat jedweder Evaluierung.

WIE HALTEN WIR ES MIT DEN EXTERNEN FAKTOREN?

Und manchmal übersteigen die Realitäten jede noch so akribische Systematisierungsversuche:

Dazu eine Mitteilung vom 18. August in einer Wiener Tageszeitung:

„Die Kreditkrise in den USA wird mit zeitlicher Verzögerung die Preise am internationalen Kunstmarkt drücken. Damit rechnet der Multimiliardär und Kunstkenner Eli Broad: „Viele Käufer zeitgenössischer Kunst (die Borso d'Este der heutigen Zeit) sind Hedge-Fonds-Manager und andere Investoren – und die haben es derzeit schwer und viel Geld verloren", so Broad. Er geht davon aus, dass es zu einer Preisanpassung kommt, möglicherweise nicht sofort, aber auf jeden Fall innerhalb der kommenden sechs bis zwölf Monate.

Und die Meldung fügt eine Vorgeschichte hinzu, die besagt, dass neue zahlungskräftige Kundschaft aus China und Indien seit 1996 die Preise auf das Vierfache hinaufgetrieben habe. Allein heuer hätte das Preisniveau Art Market zufolge noch einmal um 50 % zugelegt.

Nun gehe ich nicht davon aus, dass sich in den letzten zehn Jahren das Wissen um die Bedeutung der klassischen Moderne in diesen beiden Ländern exponentiell angestiegen ist. Stattdessen gehe ich davon aus - und das wäre meine zweite These - dass durchaus externe Faktoren erhebliche Auswirkungen auf das, was wir als jedenfalls betriebswirtschaftlichen Wert kultureller Güter begreifen, haben können. In unserem Fall ist das halt zufällig die Unfähigkeit einer wachsenden Anzahl von US-amerikanischen Hausbesitzern, ihre Hypothekarkredite zurückzuzahlen.

Und noch ein dritter Anlauf aus dem Bereich von Bildung und Ausbildung, der in den letzten Jahren gerade zu von einer Evaluierungshysterie erfasst worden ist (PISA; Bologna-Prozess) und im Rahmen dessen der Bereich der kulturellen Bildung, mit dem ich mich kulturpolitisch besonders intensiv beschäftige, einen Sonderfall darstellt.

EVALUIERUNG ZWISCHEN ANALYSE UND UMSETZUNG

Ebenfalls vor wenigen Tagen ist ein Interview im Spiegel mit dem Doyen der deutschen Pädagogenschaft, Hartmut von Hentig anlässlich der Veröffentlichung des zweiten Teils seiner Memoiren „Mein Leben bejaht – Schule, Polis, Gartenhaus" erschienen. Er kommt dort u. a. auf die wachsende Verunsicherung zu sprechen, die Schulen ebenso wie Eltern angesichts der PISA-Ergebnisse erfasst habe.

An sie gerichtet meint er noch recht lapidar: „Die Leistung einer Schule lässt sich nicht durch internationale Tests in einzelnen Kompetenzen ermitteln."

Und kommt dann aber auf persönliche Erfahrungen zu sprechen; „Im hoch gelobten PISA-Land Schweden gibt es heute praktisch nur mehr drei Fächer: Schwedisch, Mathematik und Englisch. Der Rest wird als unwichtig erachtet, weil er nicht getestet wird." Und dann fragt er: „Ist Musikunterricht nicht genau so wichtig, zum Beispiel gerade um die Schüler auf wirksame Weise in Disziplin zu üben – Selbstdisziplin im Dienst einer Leidenschaft?

Und um noch eins draufzusetzen. Eine differenzierte Analyse der PISA-Ergebnisse – jedenfalls in Österreich – hat ergeben, dass Hauptschüler, das sind bei uns diejenigen SchülerInnen, denen gemeinhin die geringste Lernfähigkeit zugesprochen wird, über mathematische Kompetenzen verfügen, die im Durchschnitt über dem Niveau einzelner Klassen von Gymnasien liegen. Ein Umstand, der nur sehr bedingt als glaubwürdiges Argument für die Beibehaltung des dualen Bildungssystems angeführt werden kann.

Dies aber könnte zu einer dritten These führen, die darauf hinausläuft, dass bestimmte Formen der Evaluierung nicht nur Argumente zur bestmöglichen Entscheidungsfindung entwickeln helfen, sondern bestimmte Entscheidungen bereits in ihren Verfahren implizieren; etwa dann, wenn bestimmte Unterrichtsinhalte gar nicht mehr verhandelt werden, weil sie als nicht evaluierbar erscheinen, wir es also bei Evaluierung nicht nur um ein Instrument zur Informationsaufbereitung sondern zur Durchsetzung expliziter und auch impliziter Vorgaben zu tun haben; jedenfalls keine neue Entscheidungsräume eröffnet sondern schließt.

Das waren einige Beispiele, die jedenfalls bei mir Zweifel an der Neutralität evaluativer Verfahren im Sinne der Hoffnung nach schierer Effizienzsteigerung bei weitgehender Aufrechterhaltung der davon betroffenen Inhalte nähren.

EIGENE ERFAHRUNGEN

Diese Zweifel wurden durch eigene Erfahrungen noch einmal verstärkt, zugleich aber auch relativiert. Und weil persönliche Geschichten die Anschaulichkeit fördern, erzähle ich ihnen meine eigene:

Wie manche von Ihnen vielleicht wissen, war ich in Österreich fast zwanzig Jahre lang Leiter einer ausgelagerten ministeriellen Einrichtung, die sich vor allem mit Fragen der kulturellen Bildung und der Kunst- und Kulturvermittlung beschäftigte, des Österreichischen Kultur-Services. Sie hat sich zu einer fixen Einrichtung an der Schnittstelle vor allem zwischen den Schulen und dem Kulturbetrieb entwickelt. Sie wies aber auch ein Spezifikum auf, das darin bestand, dass sie ursprünglich von einem sozialdemokratischen Unterrichtsminister gegründet worden war.

Als es zu einem politischen Farbenwechsel an der Spitze des Ressorts kam, ließ die erste Reaktion der nunmehr politisch Verantwortlichen nichts an Deutlichkeit vermissen: Abdrehen, Zusperren, Einstampfen,....

Etwas kühlere Köpfe warnten vor voreiligen Schlüssen und empfahlen stattdessen, zuerst einmal eine umfassende Evaluierung durchzuführen. Meine Vermutung: Eine solche Evaluierung würde schon etwas zu Tage fördern, das eine Beendigung öffentlich rechtfertigen würde.

Ich nehme das Ergebnis vorweg: Die vorgenommene Evaluierung führte nicht zur Schließung des Unternehmens. Sie warf aber eine Reihe von wichtigen Fragen auf, deren Beantwortung eine wesentliche Dynamik in der Organisationsentwicklung ausgelöst hat.

Auffallend war einmal die große Unsicherheit der Auftraggeber, als es darum ging, nachvollziehbare Evaluierungsziele zu benennen. Klar war nur die existentielle Spannung zwischen den Auftraggeber-VertreterInnen, die ein Ergebnis sehen wollten, das ihren Machtanspruch befriedigte sollte, und da war auf der anderen Seite das Büro, das sich weitgehend vor den Kopf gestoßen fühlte, dass man überhaupt auf die Idee kommen konnte, ihre hoch idealistisch aufgeladenen Leistungen und ihr Engagement einer Überprüfung zu unterziehen.

Wir als Team entsprachen damit durchaus dem Bild, das Reinhart Richter zeichnet, wenn er in seinem Abstract meint, „Personen in der Kulturarbeit neigten häufig dazu, ihre Arbeit als persönliches Gesamtkunstwerk zu verstehen, da stört systematische und kontinuierliche Evaluation" – aber das würde langsam besser, fügt er hinzu.

Relative Randerscheinungen blieben in diesem Evaluierungskonflikt die, für die wir das ganze Theater aufführten, die Lehrer, die Künstler, andere Institutionen-Vertreter, denen aber in diesem Drama fürs erste bestenfalls als quantifizierbare Betriebsgrößen nur eine sehr untergeordnete Rolle zugedacht war.

Insgesamt stellte das Evaluierungsergebnis einen Kompromiss zwischen zwei Konfliktpartnern dar. Ein neuer, den Konflikt relativierender Player war dazwischen getreten und ermöglichte es, allen Seiten ihr Gesicht wahren zu lassen.

Das Büro konnte seine Arbeit fortsetzen und zumindest einige von den MitarbeiterInnen fanden heraus, dass eine solche Evaluierung auch etwas sehr Gutes haben kann, weil sie – adäquate Settings vorausgesetzt - die Qualität und damit den Professionalitätsanspruch der eigenen Arbeit auf bisher nicht bedachte Weise sichtbar zu machen vermag.

Während wir also begannen, mit Hilfe von externen Beratungsunternehmen einen umfänglichen Prozess der Reorganisation in Ganz zu setzen, ein Leitbild zu entwerfen, Produkte zu entwickeln und zu beziffern, Instrumente der Qualitäts- und Produktivitätsentwicklung zu implementieren und untereinander Leistungsvereinbarungen zu treffen, beschränkten sich die Auftraggeber auf eine einfache Antwort auf die für ihn unbefriedigenden Evaluierungsergebnisse.

Diese bestand schlicht darin, die Mittelzuweisungen drastisch zu reduzieren, im ersten Jahr um 25%, dann nur um weitere 10% und weil das Werkel noch immer funktionierte: So und jetzt zeigt, was ihr könnt, nochmals um 25%.

Diese Vorgaben haben unsere Reorganisationsbemühungen – jedenfalls am Anfang – durchaus stimuliert. Wir haben die Herausforderungen - nach einigem Zögern - als wesentlichen institutionellen, aber auch persönlichen Lernschritt angenommen, mit externer Beratungsleistung Fortbildung betrieben, eine Review-Kultur eingeführt, Feedback-Schleifen eingezogen und damit durchaus neue Frei- und Gestaltungsräume erobert. Eine Entwicklung, die wesentlich unseren Begriff von Qualität kultureller Arbeit geschärft hat, ein Feld, das zugegebener Maßen nach wie vor mir sehr unterentwickelt zu sein scheint.

EVALUATION UND QUALITÄTSENTWICKLUNG

Qualitätsvorstellungen sind im Kunst- und Kulturbetrieb nicht neu, sie werden auf der Ebene der Preise, der Fachdiskurse und natürlich auch der kulturpolitischen Entscheidungen verhandelt. Und doch gibt es immer wieder eine spezifische Zurückhaltung, etwa wenn es um die Bewertung der Prozesshaftigkeit von Kultur geht. Entstanden ist eine „Kultur der Selbstverständlichkeit", die vermeint, die Qualität kultureller Arbeit verstünde sich aus sich selbst heraus. Dies trifft insbesondere auf das Feld der kulturellen Bildung zu, wo eine Qualitätsdiskussion noch weitgehend aussteht.

Ich bringe in diesem Zusammenhang noch einmal eine persönliche Erfahrung: Mitte August 2007 gab es in 3sat einen Thementag „Televisionen in Schwarz Weiß". Der Fenstergucker berichtete von der Errichtung des neuen Festspielhauses in Salzburg (einer großen kulturbetrieblichen Investition, würden wir heute sagen): Was vor allem auffiel, war eine völlig andere Sprache des Kommentators. Aus jeder Satzkonstruktion triefte quasi der Geist einer vergangenen Zeit. Dieser Moderator hätte das Wort „Evaluation" überhaupt nicht in den Mund nehmen können. Statt dessen zelebrierte er eine liturgische Handlung, erfüllt von Begriffen wie „Ewigkeit", „Innerlichkeit", „Eigentlichkeit", „Ruhm", „Dienst", die unmittelbar die unüberbrückbare Differenz zu betriebswirtschaftlichen Äußerlichkeiten deutlich machten.

Und wenn Sie Wolf Lepenies' jüngstes Buch „Kultur und Politik" mit seinen Herleitungen kultureller Innerlichkeit aus dem Geist der Transzendenzphilosophie lesen, dann finden Sie dort die Erklärung für diesen Fernsehbeitrag.

Dass sich andere Länder mit einer stärker pragmatischen oder utilitaristischen Tradition leichter tun, sehen wir an der Evaluierungspraxis des angloamerikanischen Kulturbetriebes, womit, Kulturpolitik weitgehend in Sozialpolitik überführt wurde.

Dagegen wird in den deutschsprachigen Ländern die Überbrückung der kategorialen Differenz zwischen künstlerischem Urteil auf der einen Seite und sozialwissenschaftlichem Bewertungsanspruch auf der anderen noch einige kulturpolische Kreativität abverlangen.

ZURÜCK ZUR GESCHICHTE DES ÖSTERREICHISCHEN KULTUR-SERVICE:

Drei Jahre später haben wir mit einem neuen inhaltlichen Konzept weg von der Innenorientierung hin zu einer verstärkten Außenorientierung gegenüber unseren Partnern und Kunden aber auch ökonomisch, jedenfalls was den Bereich der Drittmittelakquisition betrifft, eine tolle Performance hingelegt.

Ergebnis – siehe die aktuellen externen Faktoren auf dem Kunstmarkt, die konservative Partei ging im Februar 2000 mit dem Nationalpopulisten Jörg Haider eine Koalition ein und schloss das Unternehmen als eine eigenständige Einrichtung just zum Zeitpunkt seiner nachweisbar höchsten Produktivität.

EVALUIERUNG ALS FORM DER REPOLITISIERUNG

Ich schildere Ihnen diese persönlichen Erfahrungen auch deswegen etwas ausführlicher, weil ich Ihnen meinen Verdacht explizieren möchte, der darin besteht, dass es sich beim Einsatz evaluativer Methoden nicht um eine Form der Entpolitisierung, sondern ganz im Gegenteil der Repolitisierung handelt.

Der Grund liegt in der schieren Interessenslastigkeit derer, die an Evaluierungsprozessen beteiligt sind, das trifft gleichermaßen die Auftraggeber, die politischen und administrativen EntscheidungsträgerInnen, die Evaluierer selbst und die, deren Tätigkeit evaluiert werden soll.

AN DEN ÖFFENTLICHEN MITTELN LIEGT ES NICHT – WOHL ABER AN DEN INTERESSEN

Die verstärkte Notwendigkeit von Evaluation wird gerne mit dem Argument begründet, es seien immer weniger Mittel verfügbar. Aber, bei Lichte betrachtet, stimmt denn das wirklich, etwa wenn man einen Vergleich zur Situation vor dreißig oder vierzig Jahren heranzieht, als der Betriff der Evaluierung, jedenfalls im Kunst- und Kulturbereich noch völlig unbekannt war.

Statt dessen vermute ich, dass noch nie soviel Mittel da waren (wie im übrigen auch so viel an Kunst- und Kulturproduktion); entscheidend aber bleibt, wer und welchen Umständen darüber zu verfügen vermag. Und da ist mittlerweile ein heftiges Gerangel entbrannt.

Vor diesem Hintergrund stellt der verstärkte Einsatz evaluativer Methoden auch ein wichtiges Instrument zugunsten eines radikalen Austausches der Entscheidungseliten dar. Sehr generell gesprochen hat noch vor vierzig Jahren eine weitgehend hermetische Gruppe von Bildungsbürgern an den Schaltstellen der Macht ausgemacht, welche Kunst ihnen entspricht und daher gefördert werden muss (die haben dann auch so gesprochen wie im „Fenstergucker").

Nach einem kurzen Intermezzo der ganzheitlichen Kulturidealisten einer soziokulturellen Avantgarde der 1970er und wohl noch 1980er Jahre, die nochmals so etwas wie eine kulturelle Eigentlichkeit beschworen hat, schwingen sich heute die Betriebswirte auf, die Definitionsmacht über den Kunst- und Kulturbetrieb zugunsten seiner optimierten Verwertung zu übernehmen. Dabei spricht der ideologisch aufgeladene Kontext einer ökonomisch getriebenen Globalisierung durchaus für sie.

Sie erkennen das Ergebnis ganz unmittelbar: Die „Neuen" schauen anders aus, führen einen anderen Diskurs, haben andere Erfolgserwartungen.

KULTUR IST EINE FORM DER VERSCHWENDUNG

Da hilft nur mehr wenig, dass ausgewiesene Marktwirtschaftler wie Wolf Lotter, Mitbegründer der Wirtschaftszeitschrift Brand eins, nochmals die Idee der Verschwendung ins Treffen führen (siehe dazu sein Buch „Verschwendung oder Die Wirtschaft braucht Überfluss").

Bei ihm heißt es: „Der Mensch will aus dem Vollen schöpfen. Kultur ist nie auf Knappheit oder Verzicht ausgerichtet, und die Wirtschaft braucht den Überfluss, um Produkte zu schaffen. Verschwendung ist unerlässlich für eine funktionierende Marktwirtschaft, denn nur sie sorgt dafür, dass investiert und das Rädchen am Laufen gehalten wird, das heißt Arbeitsplätze geschaffen und Produkte hergestellt werden. Geiz und Sparsamkeit wirken wie eine Zwangsjacke, während Vielfalt und Verschwendung für Befreiung sorgen".

Das war wohl eine der zentralen Fehlinterpretationen von Hermann Glaser und Co, die Kultur zu einem Grundnahrungsmittel umzudeuten versuchten. Dem ist nicht erst seit heute entgegen zu halten, dass Kultur immer auch ein Element der Verschwendung inne wohnt. Kultur verweist unabdingbar auf das Ungenutzte, Zeit, Muße, Experiment und Versuch. Nur als solche kann sie als Quelle des gesellschaftlichen Reichtums, von Vielfalt und von Möglichkeitssinn verstanden werden.

Ökonomie aber setzt Knappheit von Gütern voraus, die deren Exegeten vorgeben, bestmöglich zu verwalten. Kultur hingegen – jedenfalls wie sie im ursprünglichen Konzept des Fortschreitens vom Rechtsstaat über den Sozialstaat hin zum Kulturstaat vorgesehen war – bedarf des Überflusses von Ressourcen und ihrer Verschwendung. Nur so kann die Idee des Experiments, der Überraschung, der Neugierde und des Spiels in unseren kulturellen Erwartungen aufrechterhalten werden.

Entscheidend bleibt, wer über die Definitionsmacht von Kultur verfügt. Und das sind immer weniger diejenigen, die unmittelbar in Kunst- und Kulturprozessen involviert sind.

Statt dessen erleben wir, so scheint mir, einen Prozess einer schleichenden Entdemokratisierung und Entpersönlichung zugunsten immer weniger und dazu noch anonymer werdender Akteure, die durch Verfahren der scheinbaren Objektivierung mittels Daten und Fakten auch im Kunst- und Kulturbereich abgesichert werden sollen.

Demgegenüber aber sind Kunst und Kultur (und damit auch Bildung) die Orte von Subjektivität per excellence. Wenn es noch eine Definition von Kunst gibt, dann liegt sie wohl darin, dass sie über jede Definition hinauszuweisen vermag und in der Lage ist, jedwedes rationale Korsett zumindest in seiner Möglichkeitsform hinter sich zu lassen. Und über eine solche Definition von Kunst können wir nicht ökonomisch entscheiden, dazu bedarf es der Politik.

EVALUIERUNG IST EINE KUNST ODER KUNST STELLT SELBST EINE FORM DER EVALUIERUNG DAR

Eine so verstandene Kunst aber ist selbst eine Form der Weltwahrnehmung, der Informationsgewinnung, Verarbeitung und Bewertung und damit eine Form der sinnlich erfahrbaren Form der Evaluierung. Und es kommt wohl auf uns an, ob und wenn ja, in welcher Form wir Nutzen aus dieser Form der Evaluierung ziehen wollen oder ob wir uns eher von kunstfremden Methoden Erfolg versprechen.

INTENTIONEN VON EVALUIERUNG

Abschließend möchte ich mich outen und Evaluierung im Kunst- und Kulturzusammenhang dann als positiv bewerten,

- wenn es sich einfachen Antworterwartungen verweigert,
- wenn es die Reflexionsfähigkeit der Akteure fördert, die in der Lage sind, den Umstand einzubeziehen, dass jede Form der Bewertung unmittelbare Auswirkungen auf die inhaltliche Ausgestaltung hat,

- wenn es die Entwicklung eigenständiger, auch politisierbarer Haltungen möglichst aller Beteiligten fördert,
- wenn es die Freiheitsgrade vergrößert und das kulturelle Leben reicher macht,
- wenn es Kunst und Kultur als eine Form der Kommunikation zwischen Produzenten und Rezipienten, die eine gleichwertige Berücksichtigung verdienten, Rechnung trägt,
- wenn die Evaluationsmethoden selbst kreativ sind, in dem sie den besonderen Bedingungen des Kulturbetriebs Rechnung tragen und
- wenn Evaluierung darüber der utopische Gehalt des Möglichkeitssinns zu retten mit Inhalt zu füllen vermag dann gewinnen sie mich als einen Fan der Evaluierungsgemeinde.

KUNST UND MÖGLICHKEITSSINN – EVALUIERUNG UND WASFÜREINSINN

Ich schließe mit einem Plädoyer des Künstlers und Kunstheoretikers Bazon Brock zum Thema Kunst mit ihren eigensinnlichen Qualitäten:

„Kunst schafft neue Zugänge zum Verstehen des Wirklichen durch gestaltende Eingriffe und schärft auf diese Weise den „Möglichkeitssinn". Sie schafft in besonderer Weise die Möglichkeit zu einer pluralistischen Gesellschaft, ein überkommenes Denken, Fühlen und Handeln in dichotomen Kategorien (Freund-Feind, Gut-Böse, Öffentlich-Privat, Innen-Außen,…) zu überwinden."

Es wird also – ob Sie es wollen oder nicht – entscheidend von Ihnen und Ihren Vorstellungen, Erwartungen, Kenntnissen und wohl auch Ihrem Reflexionsvermögen im Feld von Kunst und Kultur abhängen, ob sich der heutige Kunst- und Kulturbetrieb weiterhin als versteinerte Form der ökonomischen Verkehrsformen darstellt oder darüber hinauszuweisen vermag.

Und ganz zuletzt noch einen Rat nicht nur für diese Veranstaltung: Wenn Sie eine Evaluierung vorhaben, vergessen Sie nicht, auch die Evaluierer zu evaluieren!

Kontakt

Dr. Michael Wimmer; EDUCULT - Denken und Handeln im Kulturbereich; Institute for Cultural Policy and Cultural Management; quartier 21/MQ

Museumsplatz 1/e-1.6; A-1070 Wien/Österreich

Tel + 431 522 31 27 20; Fax + 431 522 31 27 30 ; Mobil + 43 699 12 17 06 19

Email michael.wimmer@educult.at

Website www.educult.at

EVALUATION: THEORETISCHE UND PRAKTISCHE FRAGEN ZUR ENTWICKLUNG IM KULTURBEREICH

Vera Schneider[3]

WAS GESCHAH BISHER?

ZUR GRÜNDUNG EINES ARBEITSKREISES „EVALUATION VON KULTUR UND KULTURPOLITIK" IN DER GESELLSCHAFT FÜR EVALUATION E.V. (DeGEval)

Im Juni 2006 fand am Centrum für Evaluation (CEval) der Universität des Saarlandes in Zusammenarbeit mit dem Wissenschaftlichen Initiativkreis Kultur und Außenpolitik (WIKA) und dem Institut für Auslandsbeziehungen e.v. (ifa) ein Workshop zum Thema „Evaluation in der Auswärtigen Kulturpolitik" statt. Zentrale Frage des Workshops war: Reichen die Theorien und Methoden zur Evaluation von Aktivitäten und Maßnahmen der Auswärtigen Kultur- und Bildungspolitik (AKBP) oder müssen neue Konzepte entwickelt werden? Die ReferentInnen und TeilnehmerInnen des Workshops waren sich grundsätzlich darüber einig, dass die Evaluationsforschung bereits genügend theoretische und methodische Grundlagen zur Evaluation der AKBP bereitstellt, die zentrale Herausforderung jedoch insbesondere in der adäquaten Anpassung dieser Konzepte an den jeweiligen Untersuchungsgegenstand besteht.

Das Engagement der TeilnehmerInnen, das Interesse am Workshopthema sowie vor allem der Diskussionsverlauf haben den Leiter des CEval, Prof. Dr. Reinhard Stockmann, und den Generalsekretär des ifa, Prof. Dr. Kurt-Jürgen Maaß, dazu ermutigt, die Gründung eines Arbeitskreises (AK) „Evaluation von Kultur und Kulturpolitik" in der DeGEval zu initiieren. Da sich der AK prinzipiell an alle im Bereich der Kultur und Kulturpolitik tätigen Akteure und Institutionen richtet und diese zur Mitarbeit einladen möchte, wurde für den AK bewusst ein weiter Kulturbegriff zu Grunde gelegt: Er bezieht sich auf alle Akteure und Aktivitäten der regionalen und kommunalen sowie der auswärtigen Kulturarbeit und Kulturpolitik.

---

[3] Vera Schneider, Saabrücken, ist Soziologin und Bereichskoordinatorin Bildung des Centrums für Evaluation (CEval) an der Universität des Saarlandes.

Ein erstes Treffen von AK-InteressentInnen, bei dem die Gründung eines Arbeitskreises „Evaluation von Kultur und Kulturpolitik" beschlossen wurde, fand im Rahmen der 9. Jahrestagung der DeGEval im September 2006 in Lüneburg statt. Dieses Treffen diente insbesondere dazu, die Interessen und Erwartungen der InteressentInnen zu erfassen und das Thema für eine erste Frühjahrstagung des AK in 2007 festzulegen, die in den Räumlichkeiten des ifa in Stuttgart realisiert wurde.[4]

Bevor ich Ihnen die Ziele und geplanten Aktivitäten des Arbeitskreises vorstelle, möchte ich zunächst auf einige grundlegende theoretische Überlegungen zu Evaluationen eingehen, da es auf dieser Basis möglich ist, die gegenwärtige Diskussion des AK nachzuvollziehen.

THEORETISCHE ÜBERLEGUNGEN ZUR EVALUATION[5]

Unabhängig davon, in welchem Themen- oder Politikfeld eine Evaluation geplant und durchgeführt werden soll, können verschiedene Voraussetzungen identifiziert werden, die den Erfolg und die Nutzung von Evaluationen maßgeblich beeinflussen. Zunächst ist von Bedeutung, dass alle im engeren und weiteren Sinne an einer Evaluation Beteiligten über *Wissen hinsichtlich der Potenziale von Evaluation* verfügen und den Prozess zumindest akzeptieren, optimalerweise aber aktiv unterstützen und fördern. Denn die Nutzung von Evaluationsergebnissen und damit der Nutzen einer Evaluation insgesamt sind in hohem Maße von der Akzeptanz und Unterstützung der Beteiligten abhängig. Werden Evaluationen systematisch und regelmäßig zur Verfolgung spezifischer Ziele eingesetzt, kann von einer *Evaluationskultur* gesprochen werden. Dies bedeutet, dass Evaluation sowohl als Planungsinstrument (ex-ante) und zur Durchführungsoptimierung (on-going) sowie zur Überprüfung der Zielerreichung und Wirkungsanalyse (ex-post) bedarfsorientiert eingesetzt wird. Gerade der in der öffentlichen Verwaltung inzwischen bedeutsame Modernisierungsansatz des New Public Management zielt darauf ab, die politische Steuerung der Qualität öffentlicher Angebote und Dienstleistungen über Leistungs- und Wirkungsgrößen anstelle von Inputindikatoren zu realisieren. Im Kontext der Implementation und Optimierung

---

[4]   Alle bisherigen Aktivitäten des Arbeitskreises sind auf der Homepage der DeGEval unter www.degeval.de ausführlich dokumentiert.

[5]   Diese Ausführungen erfolgen in enger Anlehnung an Kapitel 2 und 3 der Publikation von Reinhard Stockmann, 2006: Evaluation und Qualitätsentwicklung: Eine Grundlage für wirkungsorientiertes Qualitätsmanagement. Münster: Waxmann (Sozialwissenschaftliche Evaluationsforschung; Bd. 5).

einer solchen *Ziel- und Wirkungsorientierung* kann Evaluation einen wichtigen Beitrag leisten.

Ausgangspunkt jeder Evaluation ist die Beantwortung verschiedener *Grundsatzfragen*, durch die die Konzeption der Studie sowie das methodische Vorgehen bestimmt werden:

Wer legt die Bewertungskriterien fest?

Die einer Evaluation zu Grunde liegenden Bewertungskriterien richten sich nicht nach vorgegebenen Normen oder Parametern, sondern sie sind individuell je nach Evaluationsobjekt und Erkenntnisinteresse zu bestimmen. Häufig orientieren sie sich am Nutzen den der jeweilige Untersuchungsgegenstand bzw. eine spezifische Handlung oder ein Entwicklungsprozess für bestimmte Personen oder Zielgruppen entfalten soll. Dies bedeutet, dass entsprechend den Eigenschaften eines Evaluationsgegenstands Indikatoren zu identifizieren und zu bestimmen sind, die Auskunft über die Zielerreichung der zu untersuchenden Maßnahme geben können.

Die Bewertungskriterien können durch den *Auftraggeber* einer Evaluation direktiv festgelegt, durch die *Evaluierenden* wissenschafts- oder erfahrungsbasiert erarbeitet oder seitens der *Zielgruppen* bzw. der *an der Evaluation Beteiligten* in einem emanzipativen Verfahren verhandelt werden. Von einer partizipativen Festlegung der Bewertungskriterien kann dann gesprochen werden, wenn *alle genannten Personen bzw. Gruppen* an diesem Prozess beteiligt werden. Da die Art der Kriterienauswahl die Nutzenbewertung einer Evaluation stark beeinflusst, empfiehlt es sich gerade mit Blick auf die Akzeptanz sowie vor allem auch die Qualität einer Evaluation, möglichst alle relevanten Beteiligten in die Entwicklung der Kriterien partizipativ einzubinden.

Welche Ziele werden mit der Evaluation verfolgt? Zu welchem Zweck soll sie verwendet werden?

Nicht nur die Art der Auswahl der Bewertungskriterien, sondern auch der Evaluationszweck, also die mit einer Evaluation verfolgten Ziele bestimmen deren Nutzenbewertung. Evaluationen dienen vor allem dazu, Informationen bereitzustellen, die im Rahmen von Steuerungs- und Managementprozessen entscheidungsrelevant sind. Insofern können sie als Teil des Qualitätsmanagements verstanden werden. Hierbei können vier miteinander verbundene Leitfunktionen von Evaluation identifiziert werden:

Im Sinne der Bereitstellung von Informationen zur Ermöglichung rationaler Managemententscheidungen erfüllen Evaluationen eine *Erkenntnisfunktion*. Ziel von Evaluationen ist die Sammlung von Informationen, anhand derer eine Beurteilung der vereinbarten oder vorgegebenen Bewertungskriterien sowie die Ableitung von Steuerungsentscheidungen ermöglicht wird. Gerade mit Blick auf den Kulturbereich ist an dieser Stelle hervorzuheben, dass es keineswegs Aufgabe einer Evaluation sein kann und sein sollte, ein Werturteil über die Qualität der Kunst selbst abzugeben – ein solches Urteil ist anderen Personen aus dem Kulturbereich und der Medien vorbehalten. Vielmehr ist es die Aufgabe von Evaluation, beispielsweise Daten zur Bewertung kultureller Aktivitäten durch die Zielgruppen bzw. die Rezipienten, zur Effektivität kultureller Projekte und Programme oder zur Einordnung kulturpolitischer Strategien in bestimmte Kontexte zu erheben und bereitzustellen – also zur Optimierung des Erfolgs und der Wirksamkeit kultureller Vorhaben beizutragen.

Ohne einen solchen Erkenntnisgewinn könnte keine Evaluation Nutzen entfalten. Dennoch muss diese Funktion bei der Verwertung der Ergebnisse nicht immer im Vordergrund stehen. Eine weitere, häufig beobachtbare Funktion besteht in der *Kontrolle*. Hierbei geht es vor allem um eine Überprüfung der Erreichung der geplanten Ziele. Kriterien hierfür können z.b. Effektivität, Effizienz, Akzeptanz oder auch Nachhaltigkeit sein. Selbst wenn die Kontrollfunktion nicht im Vordergrund steht, legen Evaluationen dennoch i.d.R. offen, wie die Qualität der Steuerung einer Maßnahme zu beurteilen ist, ob alle Beteiligten ihren Aufgaben und Verpflichtungen nachkommen etc.

Sowohl primär erkenntnis- als auch primär kontrollorientierte Evaluationen liefern Informationen und Befunde, die zur *Entwicklung* eines Programms, eines Projekts oder auch einer Einrichtung eingesetzt werden können. Denn durch die Bereitstellung von Informationen können ein Dialog zwischen den Beteiligten initiiert und damit Lernprozesse in Gang gebracht werden. Zu den Beteiligten gehören nach diesem Verständnis nicht nur Mittelgeber und Mittlerorganisationen, sondern auch die Zielgruppen und andere Beteiligte.

Eine vierte Funktion kann in der *Legitimation* von Maßnahmen bestehen. Auf Basis der im Rahmen einer Evaluation gesammelten Daten kann belegt werden, mit welchen Ressourcen (Input) welche Aktivitäten umgesetzt (Output) und welche langfristigen Wirkungen ausgelöst wurden (Outcome). Gerade für Mittelgeber und Mittlerorganisationen kann es bedeutsam sein, den effizienten Einsatz von Ressourcen und den Wirkungsgrad der initiierten Aktivitäten nachzuweisen. Dennoch werden Evaluationsergebnisse gegenüber der Öffentlichkeit häufig nicht transparent gemacht und die Erkenntnisse nur einer internen Verwendung zugeführt.

Viele Vorbehalte gegenüber Evaluationen können darauf zurückgeführt werden, dass mit Evaluationen auch *„taktische"* *Interessen* verfolgt werden können. Dies ist dann der Fall, wenn z.B. politische Entscheidungen (manchmal auch nachträglich) legitimiert werden sollen oder weil es inzwischen einfach schick geworden ist, Evaluation im politischen Prozess einzusetzen – unabhängig davon ob eine Nutzung der Erkenntnisse intendiert ist.

Mittels einer Evaluation können also unterschiedliche Ziele verfolgt werden. Dennoch ist eine isolierte Betrachtung der einzelnen Funktionen nicht möglich, da sie eng miteinander verbunden sind. So ist beispielsweise die Bereitstellung von Erkenntnissen Voraussetzung für die Erfüllung aller anderen Funktionen und Legitimierung ist nur mittels einer Erfüllung der Kontrollfunktion möglich. Die Festlegung auf eine prioritäre Funktion im Rahmen der Planungsphase einer Evaluation bestimmt wiederum die Herangehensweise, das Design und die Durchführung. Dies bedeutet, dass Klarheit über die spezifische Aufgabe einer Evaluation gegeben sein muss.

Welche Aufgaben soll die Evaluation erfüllen?

Je nachdem in welcher Phase eines Interventionsprozesses eine Evaluation ansetzt, können unterschiedliche Analyseperspektiven, Erkenntnisinteressen und damit auch Konzepte zum Tragen kommen. In der Phase der Programmformulierung bzw. der *Planungsphase* wird eine ex-ante Perspektive eingenommen. Hierbei geht es vor allem darum, die Voraussetzungen für eine Intervention zu prüfen und auf Basis der Evaluationserkenntnisse die Konzeption einer Maßnahme zu optimieren. Damit weisen ex-ante Evaluationen einen gestaltenden, formativen Charakter auf und sie zielen darauf ab, prozessorientierte und konstruktive Erkenntnisse bereitzustellen. Begleitende bzw. on-going Evaluationen werden während der *Implementationsphase* eines Vorhabens eingesetzt. Solche Studien enthalten sowohl formative als auch summative Elemente. Dies bedeutet, dass die Ergebnisse einerseits gestaltend zur Identifikation von Problemen und Hemmnissen sowie zur Entwicklung von Steuerungsentscheidungen und damit zur Optimierung der Durchführung genutzt werden. Andererseits können im Rahmen von begleitenden Evaluationen aber auch zu verschiedenen Zeitpunkten der Implementation im Sinne eines Soll-Ist-Abgleichs summative Bilanzen hinsichtlich des jeweiligen Durchführungsstands und der Erreichung von Teilzielen gezogen werden. Ex-post Evaluationen, die nach Beendigung einer

Maßnahme, d.h. in der *Wirkungsphase* ansetzen, weisen einen primär summativen Charakter auf. Ziel dieser Studien ist es, die Wirksamkeit im Sinne der Zielerreichung festzustellen sowie die Nachhaltigkeit der ausgelösten Wirkungen zu erfassen. Vorrangige Aufgabe von ex-post Evaluationen ist damit eine zusammenfassende und bilanzierende Bewertung. Diese bezieht sich zwar primär auf den Untersuchungsgegenstand, dennoch können anhand summativer Evaluationen vielfältige Erkenntnisse zur Ausgestaltung künftiger Vorhaben gewonnen werden. Demnach verfügen auch ex-post Evaluationen über gestaltende Elemente.

Wer führt die Evaluation durch?

Bei der Evaluationsdurchführung kann grundsätzlich zwischen internen und externen Evaluationen unterschieden werden. *Interne Evaluationen* zeichnen sich dadurch aus, dass sie von der Organisation vorgenommen werden, die auch die zu evaluierende Intervention durchführt. Sind es die programmdurchführenden Personen bzw. Stellen selbst, die zugleich mit der Evaluation betraut werden, wird dies als *Selbstevaluation* bezeichnet. Obliegt die Evaluation jedoch einer anderen organisatorischen Einheit, handelt es sich um eine interne Evaluation. Die zentralen Vorteile dieses Vorgehens liegen in der Möglichkeit einer raschen und vergleichsweise wenig aufwändigen Durchführung sowie einer schnellen Umsetzung der Ergebnisse. Des Weiteren sind die Evaluierenden mit dem Evaluationsgegenstand sehr gut vertraut und sie verfügen über eine hohe Sachkenntnis. Die Schwächen dieses Vorgehens sind vor allem in der meist geringen Evaluations- und Methodenkompetenz der Evaluierenden sowie in der nicht vorhandenen Unabhängigkeit und der fehlenden Distanz zum Untersuchungsobjekt zu sehen. Gerade durch den zweiten Aspekt, der die „Betriebsblindheit" anspricht, kann der Erkenntnisgewinn der Evaluation eingeschränkt werden.

Externe Evaluationen werden dagegen von Personen durchgeführt, die weder dem Mittelgeber noch der die Maßnahme durchführenden Organisation angehören. Insofern zeichnen sich externe Gutachter über eine hohe Unabhängigkeit aus und sie sollten über profunde Evaluations- und Methodenkenntnisse sowie Wissen über das jeweilige Fachgebiet verfügen. Unter diesen Voraussetzungen können extern Evaluierende glaubwürdige Erkenntnisse generieren und auf diese Weise reformerische Kräfte innerhalb von Organisationen unterstützen. Die Nachteile externer Evaluationen sind vor allem darin zu sehen, dass die Evaluierenden über eine vergleichsweise geringe Sachkenntnis hinsichtlich des Evaluationsgegenstands verfügen. Zudem sind gegenüber der externen Evaluation ablehnende Reaktionen wahrscheinlicher als gegenüber internen Verfahren, wodurch auch die Umsetzung der Evaluationserkenntnisse gehemmt werden kann.

Im optimalen Fall werden interne und externe Evaluation im Rahmen eines *Monitoring- und Evaluationssystems* miteinander verbunden. Durch die Verzahnung interner und externer Sichtweisen können die Vorteile beider Vorgehensweisen genutzt und die Nachteile minimiert werden.

Wie wird die Evaluation durchgeführt?

Die letzte zu beantwortende Grundsatzfrage in der Konzeptionsphase einer Evaluation bezieht sich auf den genauen Ablauf der Studie. Vergleichbar mit klassischen sozialwissenschaftlichen Studien können Evaluationen in drei Phasen eingeteilt werden: die Planungs- oder Designphase, die Datenerhebungs- und -analysephase sowie die Phase der Darstellung und Verwertung der Ergebnisse.

Im Rahmen der *Planungsphase* sind in einem ersten Schritt die Ziele und Aufgaben der Evaluation zu konkretisieren, die an der Evaluation Beteiligten bzw. die davon Betroffenen zu identifizieren sowie die Adressaten der Evaluationsergebnisse zu klären. Darüber hinaus ist zu bestimmen, ob die Evaluation als interne oder externe Studie angelegt werden soll und welche finanziellen Ressourcen für die Durchführung verfügbar sind. Im Anschluss an die Klärung dieser grundlegenden Aspekte gilt es, die Evaluationsfragen zu konkretisieren. Ausgehend davon können ein an das Erkenntnisinteresse angepasstes Untersuchungsdesign entwickelt und die einzusetzenden Datenerhebungsmethoden bestimmt werden. Unter Berücksichtigung des Evaluationsdesigns wird ein adäquater Finanz-, Zeit- und Personalplan erstellt. Anschließend erfolgt die Entwicklung eines Evaluationsleitfadens, in dem die Evaluationsfragen detailliert aufgeschlüsselt und systematisiert werden und der zur Strukturierung des Informationsbedarfs der Evaluation dient. Sind die durch die Evaluation zu beantwortenden Fragen festgelegt, können die Operationalisierung der Untersuchungsfragen sowie die Entwicklung geeigneter Indikatoren und Bewertungskriterien erfolgen. Im Sinne des hier vertretenen partizipativen Verständnisses von Evaluation sollten in der Planungsphase Auftraggeber, Evaluierende, Evaluierte und ggf. Zielgruppen sowie weitere Beteiligte eng zusammenarbeiten, um die Akzeptanz der Evaluation sowie die Nutzung der Ergebnisse zu fördern.

Die *Datenerhebungen und -analysen* liegen demgegenüber in der Verantwortung der Evaluierenden. Unter Einsatz der festgelegten Erhebungsmethoden ist es Aufgabe der Evaluierenden die Daten zu sammeln, zu systematisieren und auszuwerten. Die Bewertung und Diskussion der Ergebnisse sollte wiederum zusammen mit den Evaluationsbeteiligten erfolgen. Insbesondere bei externen Evaluationen ist es wichtig, das Insider-Wissen der Evaluierten in die Bewertungen einfließen zu lassen.

In einem letzten Schritt erfolgt durch die Evaluierenden eine umfassende *Dokumentation* der Konzeption, des Designs und der Ergebnisse der Studie in einem Evaluationsbericht. Dieser wird präsentiert und ggf. mit den Beteiligten diskutiert. Für die sich anschließende *Verwertung* der Ergebnisse ist der Auftraggeber der Evaluation bzw. die die evaluierte Intervention durchführende Organisation verantwortlich.

WIE GEHT ES WEITER?

Zu den Zielen und geplanten Aktivitäten des Arbeitskreises

Vor dem Hintergrund dieser allgemeinen Fragen, die im Rahmen jeder Evaluation zu beantworten bzw. zu bearbeiten sind, wird deutlich, dass auch thematisch ähnlich ausgerichtete Evaluationen, wie hier im Bereich der Kultur und Kulturpolitik, sehr unterschiedlich gestaltet sein können. Das rege Interesse an dem AK verdeutlicht die (zunehmende) Bedeutung von Evaluation in diesem Feld. Festzustellen ist, dass in den Kontexten Kultur und Kulturpolitik bereits viele Evaluationsaktivitäten erfolgt sind. Diese Studien wurden in unterschiedlichen Themenfeldern realisiert und hatten ein breites Spektrum an Aktivitäten zum Gegenstand. So kann nicht nur eine Unterscheidung zwischen kommunaler und regionaler Kultur und Kulturpolitik versus auswärtigen Aktivitäten vorgenommen werden. Auch die Ebenen, auf denen die Evaluation angesiedelt sind, sind sehr verschieden: Im Sinne einer Bewertung und Optimierung des Kulturmanagements haben verschiedene Kultureinrichtungen und öffentliche Verwaltungen Evaluationen ihrer Aktivitäten und Handlungsstrategien vorgenommen, des Weiteren gibt es eine Vielzahl an Projekt- und teilweise auch an Programmevaluationen.

Ziele des Arbeitskreises

Daher hat sich der AK „Evaluation von Kultur und Kulturpolitik" zum Ziel gesetzt, einen *Erfahrungsaustausch* zu initiieren und eine themenorientierte *Bestandsaufnahme* zu erarbeiten. Diese Aktivitäten dienen insbesondere dazu, das bereits vorhandene Wissen und die Erfahrungen im Bereich der Kulturevaluation zu systematisieren.

Ziel ist weiterhin, Evaluationen von Kultur und Kulturpolitik theoretisch weiterzuentwickeln und methodisch auf eine solide und wissenschaftlich fundierte Basis zu stellen.

Die von meinem Vorredner Herrn Wimmer aufgeworfene, sehr berechtigte Frage „Wer evaluiert eigentlich die Evaluierer?" spricht eines der Hauptanliegen des AK an: einen Beitrag zur Qualitätssicherung von Evaluationen im Kulturbereich zu leisten.

Geplante Aktivitäten

Die thematische Ausrichtung der Arbeitskreise der DeGEval ist aus strategischen Gründen relativ offen gestaltet, um die InteressentInnen eines Themenfelds in einem AK zusammenzuführen. Die Arbeit an speziellen Themen erfolgt wiederum in Arbeitgruppen (AG). Innerhalb des AK können sich je nach Interessen der Beteiligten beliebig viele AGs bilden.

Im Rahmen der Frühjahrstagung 2007 haben sich bereits zwei solcher Arbeitsgruppen gegründet. Ziel der *AG Programmatik* ist es, auf Basis einer Mitgliederbefragung das Selbstverständnis des AK zu formulieren und die zu bearbeitenden Themenfelder zu konkretisieren. Aufgrund ihrer Aufgabenstellung ist diese AG daher eher kurzfristig angelegt. Die *AG Methoden* möchte zunächst eine Bestandsaufnahme methodischer Verfahren zur Evaluation im Kulturbereich leisten, um davon ausgehend differenziertere methodische Fragestellungen zu bearbeiten.

Der AK bietet im Rahmen der 10. Jahrestagung der DeGEval im Oktober 2007 in Dresden den Workshop „Evaluation von Kultur und Kulturpolitik – eine Bestandsaufnahme" an. Ende 2007 bzw. Anfang 2008 ist ein Treffen der AGs geplant, um die Arbeit an den spezifischen Themen weiterzuführen.

Alle an der Thematik Evaluation von Kultur und Kulturpolitik Interessierten sind herzlich zur Mitarbeit und Teilnahme an den weiteren Treffen und Tagungen eingeladen. Die AK bringen sich in die Gestaltung der Jahrestagungen der DeGEval i.d.R. mit mindestens einem Workshop ein. Im Frühjahr eines Jahres finden die Frühjahrstagungen der einzelnen AK statt, daneben vereinbaren die AG individuelle Arbeitstreffen. Sowohl für die Teilnahme an Tagungen als auch für die Mitarbeit im AK und in den AG ist eine Mitgliedschaft in der DeGEval nicht erforderlich.

Die Aktivitäten der DeGEval und ihrer Arbeitskreise werden regelmäßig unter www.degeval.de dokumentiert und sind frei zugänglich.

Für weitere Informationen und bei Interesse an einer Aufnahme in den Mail-Verteiler des AK wenden Sie sich bitte an:

Vera Schneider (ve.schneider@ceval.de); Centrum für Evaluation (CEval); Universität des Saarlandes; Postfach 151 150; 66041 Saabrücken

EVALUATION ALS INSTRUMENT DER KULTURPOLITIK AUF KOMMUNALER EBENE

Reinhart Richter[6]

1. VORBEMERKUNG

Viele Kultureinrichtungen in Deutschland sind in kommunaler Trägerschaft oder kommunal gefördert.

Dies gilt auch für viele Kulturprojekte und für die Förderung von Künstlerinnen und Künstlern. Deshalb ist es sinnvoll und notwendig, das Thema der Kulturevaluation auch allgemein im Kontext des kommunalen Controllings bzw. Monitorings und der Evaluationspraxis zu betrachten.

Evaluation der Kulturarbeit in der Kommune hat viele Schnittstellen dazu. Sie muss systematisch eingebunden werden.

Verwendete Begriffe

Evaluation: Vertiefte, systematische Informationsgewinnung und Bewertung eines Themenfeldes, einer Institution, eines Projektes, eines Prozesses um Ziele, Zielerreichung, Wirkungen, Ressourcennutzung, Prozesse zu bewerten, darüber zu kommunizieren und daraus zu lernen.

Monitoring: Kontinuierliches, systematisches Verfahren der Informationsgewinnung und –bewertung von input, output und Wirkungsdaten zum Zwecke der politischen Steuerung und der Verwaltungssteuerung auf den verschiedenen Steuerungsebenen.

Controlling: Dies ist der Begriff mit dem häufig kommunales Monitoring bezeichnet wird.

---

[6] Reinhart Richter, Diplomkaufmann, Osnabrück, arbeitet nach Tätigkeit als Leiter des Kulturamtes Osnabrück, langjährig in der Kultur- und Kommunalberatung tätig. Kontakt: email@richter-beratung.de

2. Das „Neue Steuerungsmodell" als Verursacher und Grundlage des kommunalen Controlling

Ende der achtziger Jahre beginnend wurde – initiiert besonders von der KGST – in fast allen Kommunen das Neue Steuerungsmodell mehr oder weniger eingeführt. Wichtige Ziele sind:

- von der input- zur output-Orientierung zu kommen
- bessere, stärker strategische Steuerung durch Verwaltungsspitze und Politik
- Verwaltungen zu verschlanken u.a. durch Enthierarchisierung von Strukturen und Entscheidungsprozessen
- Bürgerfreundlichkeit
- weniger Personal allgemein, besonders aber auch weniger Führungskräfte durch die Verbindung von Fach- und Ressourcenverantwortung z.B. auf der Sachbearbeitungsebene
- geringerer Zuschussbedarf
- Einführung der Doppik (kaufmännische Buchführung)/ Neues kommunales Finanzmanagement

Um diese Ziele erreichen zu können wurden Produktpläne erarbeitet, Produkte beschrieben, Kennzahlen entwickelt und Controllingsysteme eingeführt.

Die Produktbeschreibungen (Beschreibung des Produktes, Zielgruppen, Ziele, Budget, Kennzahlen) sind ein wichtiger Baustein des Controllings.

Dazu einige Beispiele aus dem Produktbereich Kultur des Baden-Württembergischen Musterproduktplanes für Kommunen, der zugleich zeigt, zu welchen Vorteilen, aber auch Gefahren (Overkill) ein solches System führen kann.

Kommunaler Produktplan Baden-Württemberg. Schriftenreihe des Innenministeriums Baden-Württemberg zum kommunalen Haushalts- und Rechnungswesen. Heft 9. Stuttgart 2007·

28.10 Sonstige Kulturpflege

Produkt:

28.10.01 Kulturförderung (ohne Musikförderung)

Kurzbeschreibung:

In den Bereichen Literatur, Bildende Kunst, Darstellende Kunst, Film/ Medien, Weiterbildung, Geschichte, Interkulturelles/Völkerverständigung, Wissenschaft, Interdisziplinäres, Kulturveranstaltungen in städtepartnerschaftlichen oder internationalen Beziehungen

Institutionelle Förderung:

Regelmäßig (in der Regel jährlich) stattfindende, nicht zwingend projektbezogene Unterstützung von Personen, Personengruppen, kulturellen Einrichtungen durch Finanzzuschüsse und/oder Sachleistungen wie zum Beispiel die Überlassung von Räumen (inkl. Controlling und Berichtswesen)

Projektförderung:

Unterstützung eines Vorhabens oder einer Kulturveranstaltung oder Veranstaltungsreihe eines Dritten in finanzieller, logistischer Weise und/oder durch Sachleistungen wie z. B. die Überlassung von Räumen, Unterstützung durch Information, Beratung und Betreuung von Künstler/-innen und Kulturgruppen, Kontakte mit Verbänden, Institutionen und Personen, Erledigung von Rechtsverpflichtungen der Kommune gegenüber Dritten (u.a. Kirchen) in Form von Gewährung von Zuschüssen (z. B. Unterhaltung von Kirchtürmen, Kirchenuhren und Glockenanlagen), Förderung der Kunst im öffentlichen Raum

Ziele:

- Förderung des privaten und ehrenamtlichen Engagements

- Vielfältiges, allgemein zugängliches und zielgruppenorientiertes Angebot

- Die Förderung soll das kulturelle Profil der Kommunen schärfen

- Sicherung der Kontinuität der Arbeit kultureller Einrichtungen

- Förderung von Künstlern/- innen

- Wirkungsvolle Gestaltung der Fördergrundsätze und effiziente Abwicklung sowie Kontrolle der Finanzierung

Kennzahlen:

k01: Anteil der jeweiligen Sparte am institutionellen Gesamtförderungsetat des Kulturbudgets

k02: Institutioneller Förderbetrag der jeweiligen Sparte

k03: Anteil der jeweiligen Sparte am Gesamtprojektförderungsetat des Kulturbudgets

k04: Projektbezogener Förderbetrag der jeweiligen Sparte

k05: Produktkosten 28.10.01

k06: Anzahl der Veranstaltungen

26.30 Musikschulen

Schlüsselkennzahlen:

- Zuschussbedarf pro 1.000 Einwohner/-innen

- Kostendeckungsgrad der Einrichtung

Ziele:

Unterrichtsziele:

- Sachgerechte Ausstattung mit Arbeitsmaterialien und Raumangeboten
- Pädagogisch sinnvolle Gruppen- und Klassengrößen
- Pädagogisch sinnvolle Zuordnung der Anzahl von Schülern und Unterrichtszeiten

Veranstaltungsziele:

- Bereicherung des kulturellen Angebotes der Stadt
- Präsentation/Leistungsnachweis
- Eigenwerbung
- Motivationssteigerung bei Schüler und Lehrer
- Identifikation der Bevölkerung mit der Musikschule
- Kooperation mit anderen Institutionen
- Akzeptanz der künstlerischen und pädagogischen Persönlichkeit

Kennzahlen:

k01: Gesamtkosten der Produktgruppe pro 1.000 Einwohner/-innen

k02: Musikschüler pro 1.000 Einwohner/-innen

k03: Anteil der dezentralen Unterrichtsdeputate an der Gesamtzahl der Unterrichtsdeputate

k04: Anteil Musikschüler einer Altersgruppe/Kerngemeinde, die die Musikschule besuchen

k05: Anteil Musikschüler aus der Kerngemeinde im Verhältnis zu Auswärtigen

k06: Anzahl Beleger in der studienvorbereitenden Ausbildung im Verhältnis zur Gesamtbelegerzahl

k07: Anteil Beleger die ein Studium aufnehmen im Verhältnis zur Gesamtbelegerzahl

k08: Anteil begabtengeförderter Schüler im Verhältnis zur Gesamtschülerzahl

k09: Anzahl Belegerdeputatstunden im Verhältnis zur Gesamtzahl der Unterrichtsdeputate

k10: Anteil der Beleger in Ensembles im Verhältnis zur Gesamtbelegerzahl

k11: Anteil Teilnehmer an Wettbewerben im Verhältnis zur Gesamtbelegerzahl

k12: Unterrichtserlöse im Verhältnis zu den Gesamtkosten (mit inneren Verrechnungen)

k19: Verhältnis Fachbelegungen zu Jahreswochenstunden

k20: Anteil des kommunalen Zuschusses (für den Unterricht) ohne Grp. 8, 7 und 68 im Verhältnis zu den Gesamtkosten der Musikschule ohne Grp. 8, 7 und 68

k21: Anteil des kommunalen Zuschusses (für den Unterricht) ohne Grp. 8, 7, 68 und 679 im Verhältnis zu den Gesamtkosten der Musikschule ohne Grp. 8, 7, 68 und 679

k22: Anteil des kommunalen Zuschusses (für den Unterricht) ohne Grp. 8, 7, 68, 679, 5 und 6 im Verhältnis zu den Gesamtkosten der Musikschule ohne Grp. 8, 7, 68, 679, 5 und 6

k23: Anteil des kommunalen Zuschusses (für den Unterricht) mit inneren Verrechnungen im Verhältnis zu den Gesamtkosten der Musikschule

k24: Zuschuss pro Beleger (ohne Grp. 8, 7 und 68)

k25: Zuschuss pro Beleger (ohne Grp. 8, 7, 68 und 679)

k26: Zuschuss pro Beleger (ohne Grp. 8, 7, 68, 679, 5 und 6)

k27: Zuschuss pro Beleger (mit inneren Verrechnungen)

k28: Anteil der Beleger mit Sozialermäßigung im Verhältnis zur Gesamtbelegerzahl

k29: Anzahl der Mehrfachbeleger im Verhältnis zur Gesamtschülerzahl

k30: Anzahl von Geschwisterkindern im Verhältnis zur Gesamtschülerzahl

k31: Durchschnittliches Unterrichtsentgelt im Verhältnis zum durchschnittlichen Unterrichtsentgelt in Baden-Württemberg, gemessen an einer 45-Min.Std. (aus VDM-Statistik)

k32: Anteil der Sozialaufwendungen an den Gesamtkosten mit inneren Verrechnungen

k33: Anteil der Sozialaufwendungen an den Gesamtkosten (ohne Grp. 8, 7 und 68)

k34: Anteil der Sozialaufwendungen an den Gesamtkosten (ohne Grp. 8, 7, 68 und 679)

k35: Anteil der Sozialaufwendungen an den Gesamtkosten (ohne Grp. 8, 7, 68, 679, 5 und 6)

k36: Fehlzeiten in Deputatstunden im Verhältnis zu den Gesamtdeputatstunden

k37: Anzahl eigene Räume im Verhältnis zur Wochenstundenzahl

k38: Anzahl der eigengenutzten Räume im Verhältnis zur Anzahl der pädagogischen Mitarbeiter

k39: Anzahl der Beleger im Bezug zu den Deputatstunden/Woche

k40: Fortbildungsmaßnahmen des pädagogischen Personals im Berichtszeitraum im Bezug auf die Anzahl der pädagogischen Mitarbeiter

k41: Anteil der pädagogischen Mitarbeiter mit Verweildauer über 5 Jahren im Verhältnis zur Gesamtlehrerzahl k42: Anzahl der Veranstaltungen im Berichtszeitraum

k43: Kosten pro Veranstaltung

k44: Kostendeckungsgrad der Veranstaltungen

k45: Durchschnittliche Besucher pro Veranstaltung

k46: Anzahl der beteiligten Schüler im Verhältnis zur Anzahl der Veranstaltungen

26.10.01 Musiktheater

Kurzbeschreibung:

Einzelne Produktionen, ggf. unterteilt in Inszenierung (einschl. Generalprobe) und Aufführung (ab Premiere)

Ziele:

- Im Sinne des Kulturauftrages und im Rahmen des zur Verfügung gestellten Budgets allen Bevölkerungsschichten ein möglichst qualitätsvolles Angebot an Opern, Operetten und Musicals zu vermitteln und sich mit den Werken der Gegenwart und der Vergangenheit sowie mit den geistigen, künstlerischen und kulturellen Strömungen der Zeit auseinander zu setzen.

- Förderung der Bildung im kulturellen Bereich

- Akzeptanz des Theaters in der Bevölkerung

- Zufriedenheit der Bevölkerung mit Angebot und Service des Theaters

- Wirtschaftlichkeit

Kennzahlen:

- k01: Zahl der Aufführungen Musiktheater

- k02: Zahl der Besuche Musiktheater

- k03: Durchschnittliche Besuchszahl je Aufführung Musiktheater

- k04: Anzahl Inszenierungen Musiktheater

- k05: Anzahl Neuinszenierungen Musiktheater

- k06: Eigeneinnahmen Musiktheater

- k07. Direkt produktionsbezogene Kosten Musiktheater

- k08: Anteil Personalkosten an Kosten Musiktheater (jeweils direkt produktionsbezogen)

- k09: Anteil Sachkosten an Kosten Musiktheater (jeweils direkt produktionsbezogen)

- k10: Anteil Besuche der Sparte Musiktheater an Gesamtbesuchszahl Theater

- k11: Auslastungsgrad Musiktheater

- k12: Auslastungsgrad für jede Spielfläche getrennt
- k13: Eintrittspreise Vollzahler (günstigste und teuerste Karte) Musiktheater
- k14: Eintrittspreise ermäßigte Preise (günstigste und teuerste Karte)
- k15: Zuschussbedarf je Besuch (Teilkosten) Musiktheater
- k16: Kostendeckungsgrad (Teilkosten) Musiktheater
- k17: Zuschuss je Aufführung

In vielen Kommunen wird bei den Produktbeschreibungen nicht die Qualität der Beispiele erreicht. Die Ziele wurden unzureichend – häufig ohne politische Mitwirkung und ohne Verbindung zu bestehenden übergeordneten Zielsystemen (z.b. Leitbild, städtische strategische Ziele) formuliert, haben keine ausreichende Zielklarheit. Die Kennzahlen sind häufig unzureichend, ungeeignet oder zu viele.

Nur im Idealfall werden die Planinformationen und die aktuellen Informationen des Produktplanes mit anderen Informationssträngen (Personaleinsatz, Finanzzahlen der Finanzverwaltung, Besucherzahlen, Medienberichte, Ergebnisse von Befragungen) verknüpft. Es gibt keine systematische, regelmäßige Nutzung der Informationen.

Die drei Beispiele zeigen unterschiedliche Eindringtiefen bei der Ermittlung von Kennzahlen. Ziele und Kennzahlen für die Kulturförderung zeigen eine geringe Eindringtiefe. Sie sind für alle Steuerungsebenen – Politik, Verwaltungsspitze und Amts- oder Fachbereichsleitung geeignet. Für die sachbearbeitende Ebene sind sie vielleicht nicht differenziert genug.

Die Kennzahlen für das Musiktheater sind komplexer. Sie sind sowohl für den Aufsichtsrat wie auch für die Sachbearbeitungsebene geeignet.

Die Kennzahlen für die Musikschulen, die nur ausschnittsweise wiedergegeben sind, zeigen eine extreme Eindringtiefe. Politik und Verwaltungsvorstand würden verzweifeln, wenn sie alle Produkte mit dieser Differenziertheit steuern müssten.

Das bedeutet aber nicht, dass diese Fülle und Eindringtiefe falsch wäre. Die Kennzahlen müssen jedoch für die verschiedenen Steuerungsebenen sortiert und zu den unterschiedlichen sinnvollen Terminen bereitgestellt werden.

3. WAS MUSS GESCHEHEN, DAMIT EVALUATION, CONTROLLING/MONITORING IN DER KOMMUNALEN KULTURPOLITIK WIRKSAM FUNKTIONIEREN?

Die folgenden Aussagen gelten nicht nur für die Kulturpolitik.

- Systematische und regelmäßige Erhebung und Auswertung der gewonnen Informationen, mindestens einmal im Jahr – vor den Haushaltsberatungen. - Eine mindestens halbtägige Evaluationstagung des Kulturausschusses, 3-4 Berichtstermine für die Verwaltungsspitze, monatliche Evaluation auf Fachbereichs-/ Amts-/ Einrichtungsebene, wöchentliche Auswertung auf Abteilungs-/Sachbearbeitungsebene .

- Nutzung der Ergebnisse für Entscheidungen, **keine Entscheidung ohne Bezug zu den Zielen und Evaluationsergebnissen**

- Alle Steuerungsebenen (Politik, Verwaltungsspitze, Fachbereichs-, Amts- und Einrichtungsleitungen, Abteilungsebene, Sachbearbeitungsebene, evtl. Öffentlichkeit) müssen entsprechend der sinnvollen Bedürfnisse beteiligt werden.

- Evaluation und Controlling müssen aktiv gelebt werden, - besonders von den Führungspersonen.

- Es muss eine Lern- und Dialogkultur entwickelt werden.

- Kennzahlenwust muss vermieden werden.

- Kennzahlen müssen sorgfältig im Dialog der Steuerungsebenen entwickelt werden : **Wer** braucht **wann welche** Informationen?

- Augenmaß! Die Aufwendungen für das Controllingsystem müssen in einem höchst rentierlichen Verhältnis zum Aufwand stehen.

4. WIE IST DIE REALITÄT?

Die Evaluationsqualität in den meisten Kommunen ist nicht gut.

- keine systematische Praxis

- Politik ist ungeubt im strategischen Arbeiten, eher einzelfallorientiert, zu stark auf Wahlperioden bezogen, zu wenig Einbeziehung der Politik durch die Verwaltung in die Entwicklung strategischer Grundlagen.

- Je höher die Ebene der Führung desto größer wird die Gefahr der selbstherrlichen Verweigerung systematischer, strategischer Entscheidungs- und Evaluationsverfahren.

- Führungspersonen in der Kulturarbeit neigen häufig dazu, ihre Arbeit als persönliches Gesamtkunstwerk zu verstehen. Da stört systematische und kontinuierliche Evaluation – aber das wird langsam besser.

- Es werden Informationswüsten geschaffen mit soviel „Sandkorninformationen", dass niemand sinnvoll etwas damit anfangen kann.

- Es wird viel Geld ausgegeben für Software, Ausbildung und Gewinnung von Informationen (Beispiel: Bilanzwert einer Straße, eines Schulgebäudes), die nur zum geringen Teil genutzt werden können oder sogar steuerungsverschleiernd wirken.

Die Entscheidung von Innenministerien zur flächendeckenden Einführung des Neuen kommunalen Finanzmanagements in seiner ganzen Komplexität kann ich mir nur damit erklären, dass die Innenminister im Finanzmanagement und Controlling ihrer Häuser so rückständig waren und dass sie die Anforderungen für Ministerien und Kommunalverwaltungen so wenig kennen, dass sie die Versprechungen der großen Beratungsunternehmen mit einer allgemeinen Heilserwartung verbunden haben.

5. PRAKTISCHE HINWEISE FÜR DIE EINFÜHRUNG EINER NACHHALTIGEN, WIRKSAMEN EVALUATION – NICHT NUR IN DER KULTURPOLITIK!

1. Es muss eine verbindliche Vereinbarung - einen „**Evaluationskontrakt**" zwischen Politik, Verwaltungsvorstand, Fachbereichen und Ämtern geben.

2. Entwicklung eines integrierten strategischen Zielsystems.

3. Schulung von Politik, Verwaltungsspitze und Mitarbeitern in der Selbst - und Fremdevaluation.

4. Kooperationsvereinbarungen mit anderen vergleichbaren Kommunen zur gegenseitigen Evaluation. Das spart Geld und bringt gegenseitigen Lerngewinn.

5. Vereinbarung der Kennzahlen und der Evaluationstermine mit allen Steuerungsebenen – Politik, Verwaltungsspitze, Verwaltung: Was, für wen, wann?

6. Kein Budget ohne qualifizierte Evaluation.

7. Mindestens einmal im Jahr eine Evaluationssitzung in den Fachausschüssen und im Rat.

WARNUNG: WAS NÜTZTE ES WENN ICH ALLE THEORETISCH ERMITTELBAREN
KENNZAHLEN HÄTTE UND

- verlöre den Überblick,
- hätte keinen oder sähe keinen Zielzusammenhang,
- zöge keine Schlussfolgerungen,
- fände kein Gehör bei den anderen Steuerungsebenen,
- die Anderen würden mich aus Unkenntnis oder willentlich nicht verstehen?

So würde ich mit Sicherheit eine Evaluation unmöglich machen.

Nur mit Zähigkeit und Augenmaß lässt sich eine vernünftige und ertragrei-
che Evaluation in der Kulturarbeit erreichen. Dazu besteht eine dringende Notwendigkeit. Deutschland ist im Vergleich zu anderen Ländern in Europa in dieser Frage ein Entwicklungsland.

ZUR EVALUATION DES NRW-LANDESPROGRAMMS "KULTUR UND SCHULE"

Susanne Keuchel[7]

Es ist nicht einfach, die Evaluation eines Programms vorzustellen, wenn die Ergebnisse der Evaluation noch gar nicht vorliegen. Dennoch wird dies im Rahmen des NRW-Landesprogramms "Kultur und Schule" im Folgenden unternommen. Das Fehlen konkreter Ergebnisse und Zahlen beinhaltet ggf. sogar den Vorteil, dass man sich an dieser Stelle auf die Struktur und das methodische Design der Studie konzentriert, um die Bedingungen, Fallstricke aber auch Chancen einer Evaluation im Kulturbereich besser herausarbeiten zu können.

Um exemplarisch einzelne Zusammenhänge besser verdeutlichen zu können, werden ergänzend Ergebnisse anderer Evaluationen im Kulturbereich herangezogen.

Will man jedoch von der Konzeption einer Evaluation berichten, sollte zunächst der Gegenstand in seiner gesamten Komplexität kurz skizziert werden:

I. EINE KURZBESCHREIBUNG DES NRW-LANDESPROGRAMMS "KULTUR UND SCHULE"

Im Jahr 2006/07 wurde das landesweite NRW-Programm "Kultur und Schule" von der Staatskanzlei initiiert und erstmals durchgeführt. In einer gemeinsamen Arbeitsgruppe mit dem Ministerium für Generation, Familie, Frauen und Integration, dem Ministerium für Schule und Weiterbildung sowie dem Ministerium für Bauen und Verkehr wird das Programm begleitet und weiter entwickelt.

Das Landesprogramm richtet sich an Künstlerinnen und Künstler, Mitarbeiterinnen und Mitarbeiter aus Kulturinstituten und Einrichtungen kultureller Bildung mit der Aufforderung, Projektvorschläge zu entwickeln, die die Kreativität der Kinder fördern und das schulische Lernen durch komplementäre und kontrastierende Programme ergänzen. Ziel des Programms ist es, Künstlerinnen und Künstler mit ihren kreativ-künstlerischen Projekten in die Schule zu bringen

---

[7] Dr. Susanne Keuchel, Musikwissenschaftlerin und Soziologin, ist stellvertretende Direktorin des Zentrums für Kulturforschung, Bonn.
Kontakt: keuchel@kulturforschung.de

und so möglichst viele Kinder in NRW mit kulturellen Bildungsangeboten zu erreichen. Projekte aus allen Kunstsparten wie bspw. Theater, Musik, Literatur, sollen das schulische Lernen außerhalb des Unterrichts sinnvoll ergänzen und es eben allen Kindern ermöglichen, unabhängig vom familiären Hintergrund, Kunst und künstlerische Projekte zu erfahren.

1.1 Aufgaben und Bereiche

Gefördert werden Projekte aus sechs Sparten (Literatur, Tanz, Theater, Neue Medien/Film, Musik, Bildende Kunst) in allgemein bildenden und in berufsbildenden Schulen. Dabei ist es ein besonderes Anliegen, künstlerisch-kulturelle Projekte im Offenen Ganztag durch das Förderprogramm zu stärken sowie die Projekte regelmäßig und ein ganzes Schuljahr lang stattfinden zu lassen. Die Projekte werden in der Regel von einem Künstler oder einer Künstlerin bzw. einem Kunstpädagogen oder einer Kunstpädagogin geleitet – in Ausnahmefällen können auch mehrere Künstler oder Pädagogen in einer Gruppe mit den Schülern arbeiten. In so genannten Sonderprojekten werden innovative Kooperationsprojekte, wie bspw. die Zusammenarbeit mehrerer Schulen an einem Projekt, mit von der Regel abweichenden Förderungen ermöglicht.

1.2 Projektentwicklung und Antragstellung

Das Verfahren sieht vor, dass sich entweder Künstler oder Kulturpädagogen mit ihrer Projektidee an eine Schule wenden, oder dass eine Schule einen Künstler oder Kulturpädagogen um einen Projektvorschlag bittet. Wurde von den Partnern in Folge eine Projektidee erarbeitet, wird ein entsprechender Projektantrag bei den Bezirksregierungen eingereicht.

In der ersten Förderwelle, dem Schuljahr 2006/07, erfolgte die Auswahl der geförderten Projekte von Seiten einer zentralen Jury des Landes. Von den insgesamt etwa 2.000 Anträgen in der 1. Förderwelle konnten letztlich 707 Projekte realisiert werden.

In der 2. Förderwelle (Schuljahr 2007/08) wurden die Kommunen stärker in die Realisierung des Landesprogramms auch bei der Jurierung mit einbezogen und führen das Auswahlverfahren in Ernennung dezentraler Jurys durch. Sie sind Antragsteller bei den Bezirksregierungen. Bei Schulen in nichtöffentlicher Trägerschaft wird das Jury-Verfahren direkt von der Bezirksregierung durchgeführt.

Zudem schreibt die Landesregierung mit Beginn der 2. Förderwelle einen Wettbewerb für die besten kommunalen Konzepte für Kulturelle Bildung aus.

Damit sollen die Kommunen ermutigt werden, die unterschiedlichen Akteure der Kulturellen Bildung vor Ort besser zu vernetzen.

1.3 Fortbildungen und Künstlerpool

Ein besonderes Anliegen des Landesprogramms ist es, die künstlerisch-kulturelle Bildung im schulischen Raum in Verbindung mit den geförderten Projekten zu qualifizieren. Deshalb verpflichten sich die ausgewählten Künstler und Pädagogen, projektbegleitend an vier eintägigen Fortbildungsveranstaltungen teilzunehmen, die über die konkreten Arbeitsbedingungen im schulischen Alltag informieren und somit die Entwicklung konkreter Umsetzungsmöglichkeiten der Projekte unterstützen. Im Schulbereich erfahrene Künstlerinnen und Künstler können im Rahmen der Fortbildungen weniger erfahrenen Künstlerinnen und Künstlern Hilfestellungen geben. Auch übernehmen die Fortbildungen eine sehr wichtige Funktion, da sie eine zentrale Anlaufstelle bilden für die Künstlerinnen und Künstler, die im Schulalltag oftmals als "Einzelkämpfer" operieren müssen. Teilnehmende Fortbildungsinstitute für die Sparten waren im einzelnen: Das *Literaturbüro NRW-Ruhrgebiet e.V.* für die Sparte Literatur, *NRW Landesbüro Tanz* für die Sparte Tanz, das *Rheinische Landestheater Neuss* für die Sparte Theater, die *Landesmusikakademie NRW* für den musikalischen Bereich, die *Filmothek der Jugend NRW e.V.* im Bereich Neue Medien/Film sowie *Landesarbeitsgemeinschaft Kulturpädagogische Dienste/Jugendkunstschulen NRW (LKD) e.V.* für Projekte im Bereich der Bildenden Kunst.

Die Künstler und Kulturpädagogen, die an diesen Qualifizierungsprogrammen teilnehmen, werden in eine internetgestützte Datenbank, einen sogenannten "Künstlerpool", aufgenommen, der interessierte Schulen bei der Suche nach geeigneten Partnern für künstlerische Projekte unterstützen kann. Auch ein entsprechender "Schulpool" wird zur Zeit realisiert.

1.4 Finanzierung

Im Schuljahr 2006/07 wurde das Programm mit einem Fördervolumen von 1,5 Millionen Euro ausgestattet. Für die Honorierung der Künstler standen 2.000,- Euro pro Projekt (für 40 Doppelstunden à 90 Minuten) zur Verfügung. An den Ganztagsgrundschulen und Ganztagshauptschulen wurde das Honorar von zwei Partnern bereitgestellt: 1.200,- Euro aus den Mitteln des Landesprogramms und 800,- Euro aus Ganztagsschulmitteln.

Für das Schuljahr 2007/2008 wurde der Etat des Landesprogramms auf rund 2,5 Millionen Euro erhöht. Den einzelnen Projekten stehen in der 2. Förderwelle jeweils 2.750,- Euro zur Verfügung. Als Honorar für die Künstler werden wie in der 1. Förderwelle 2.000 € ausgezahlt. Bis zur Höhe von 750 € können die Künstler nunmehr zusätzlich auch Materialkosten und Fahrkosten für die Fortbildungen in Anspruch nehmen. Die Kommunen beteiligen sich an der Projektförderung mit 20%. Erstmals war es möglich, auch Kooperationsprojekte mehrerer Künstler, Schulen und/oder Kommunen vorzuschlagen.

1.5 Resonanz und Anzahl geförderter Projekte

Die Resonanz auf die erste Ausschreibung fiel, mit rund 2000 Anträgen, fast doppelt so hoch aus, wie es von der Staatskanzlei NRW im Vorfeld erwartet wurde. Statt der geplanten 500 Projekte wählte eine unabhängige Jury aus Künstlern, Schul- und Kulturvertretern in zwei eintägigen Sitzungen, schließlich über 700 Projekte aus, die an nordrhein-westfälischen Schulen im Schuljahr 2006/07 realisiert wurden. Insgesamt beteiligten sich damit am Landesprogramm im ersten Jahr, etwa 10.000 nordrhein-westfälische Schülerinnen und Schüler sowie rund 660 Künstlerinnen und Künstler. Mit den erweiterten Mitteln konnten 2007/08, im zweiten Jahr des Landesprogramms Kultur und Schule, 914 Künstler und über 1000 Projekte gefördert werden.

II. DIE EVALUATION DES LANDESPROGRAMMS

Die Evaluation des Landesprogramm wird seit Anfang 2007 vom Zentrum für Kulturforschung in Bonn durchgeführt.

2.1 Zu den Zielen der Evaluation

Das Ziel der Evaluation des Landesprogramms liegt zum Einen in der Überprüfung der Vermittlungsprozesse, zum Anderen im Erreichen der Zielgruppe. Mit Blick auf die Breite des Programms wird der Vermittlungserfolg an der Zufriedenheit aller beteiligten Akteure gemessen. Beim Erreichen der Zielgruppe stehen folgende Fragen im Vordergrund: Werden mit dem Landesprogramm ländliche wie städtische Kommunen in allen Teilen des Landes erreicht? Finden reiche Kommunen die selbe Berücksichtigung wie arme Kommunen? Werden alle Schulformen, beispielsweise auch Hauptschulen, angemessen beteiligt und somit auch Schüler mit bildungs- und kulturfernem Hintergrund erreicht? Werden qualifizierte Künstlerinnen und Künstler aus allen Spartenbereichen und mit entsprechendem "Vermittlungsesprit" eingebunden? Und werden auch Schulleiter und Eltern mit dem Landesprogramm angesprochen, die vorher nicht in die kulturelle Bildung der Schüler und eigenen Kinder investierten?

Zentrale Daten und Fakten der Evaluation sollen neben der Bewertung auch in Form einer Broschüre veröffentlich werden, um das Großunternehmen NRW-Landesprogramm "Kultur und Schule" für Dritte transparenter zu machen.

2.2 Zu der Grundgesamtheit und den Stichprobenformaten der einzelnen Zielgruppen

Die eben skizzierten Rahmenbedingungen des NRW-Landesprogramm "Kultur und Schule" veranschaulichen, dass es eine Vielzahl an unterschiedlichen Akteuren mit verschiedensten Interessen beim Landesprogramm Kultur und Schule gibt: Die Staatskanzlei NRW Kultur, die Bezirksregierungen Münster, Arnsberg, Köln, Düsseldorf und Detmold, die Kommunen, die Fortbildungsinstitute für die einzelnen Sparten; weiterhin die Schulen mit Fachlehrern, Schülern und Eltern sowie, nicht zuletzt, die Künstler.

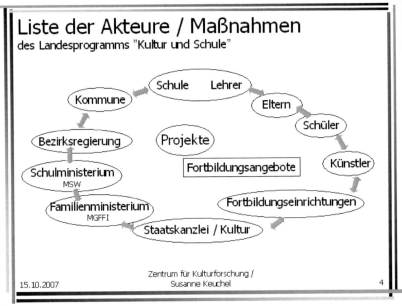

Die Frage im Vorfeld war, wie die vielen verschiedenen Akteure im Rahmen der Evaluation angemessen berücksichtigt werden können. Bei der Gestaltung der Stichprobe spielt die *Größe der Grundgesamtheit* eine wesentliche Rolle: Bei rund 10.000 erreichten Schülerinnen und Schülern ist eine Vollerhebung wenig sinnvoll. Bei rund 700 teilnehmenden Künstlerinnen und Künstlern und etwa ebenso vielen Schulen kommt eine Vollerhebung aber sehr wohl in Betracht. Dabei spielt die *Erreichbarkeit der Grundgesamtheit* ebenfalls eine wichtige Rolle; ebenso *das Budget*, das selbstverständlich auch in Relation zum geförderten Projekt stehen sollte. Eine Evaluation sollte nicht teurer sein als die geförderte Maßnahme – es sei denn, es handelt sich um ein Modellprojekt, das künftig breitflächig umgesetzt werden soll.

Weiterhin steht die *Wahl der Erhebungsverfahren* im Vordergrund: Wird das Verfahren einer qualitativen oder quantitativen Erhebung gewählt?

2.3 Zum Untersuchungsdesign und der Frage: Qualitative und/oder quantitative Methodik?

Die hier durchgeführte Evaluation des Landesprogramms „Kultur und Schule" besteht aus einer dreigeteilten Methodik, die sowohl eine sekundäranalytische Auswertung beinhaltet, als auch eine qualitative sowie eine quantitative Erhebung miteinander verbindet. Diese Vorgehensweise hat den Vorteil, sich mit Hilfe der qualitativen Methodik in das neue Untersuchungsthema einzuarbeiten und detailliert Zusammenhänge und Probleme zu erfassen. Die quantitative Methode hilft, die in den qualitativen Gesprächen ermittelten, Probleme und Fragestellungen im Hinblick auf die Grundgesamtheit, einzuordnen und zu relativieren. Bei der sekundäranalytischen Arbeit sind grundsätzlich beide Vorgehensweisen möglich. Der Vorteil einer solchen, aus drei "Bausteinen" bestehenden Methodik liegt darin, subjektive Perspektiven so weit wie möglich ausschalten zu können.

Eine parallele Durchführung qualitativer und quantitativer Erhebungsmethode zur besseren Erkenntnisgewinnung wurde schon in früheren ZfKf-Studien zur Evaluation von Kunst und Kultur realisiert, so beispielsweise in der Potenzialstudie zu kulturellen Kinder- und Jugendprojekten[8]. Hier wurden zunächst sekundäranalytisch, aus den Projektunterlagen, -beschreibungen, Filmmitschnitten sowie aus Presseartikeln, unterschiedliche Qualitätsmerkmale von 60 best practise Projekten erfasst. Die so ermittelten 104 Qualitätsmerkmale wurden dann in der Folge systematisch auf das Vorhandensein in den 60 Projekten überprüft und in einer mathematischen Anordnung "0 = nicht vorhanden" und "1 = vorhanden" zugeordnet, was quantitative Rechenverfahren ermöglicht. Diese wurden in Form von Korrelationsanalysen und Faktoranalysen[9] dazu genutzt,

---

[8] Susanne Keuchel u. Petra Aescht: Hoch hinaus. Potenzialstudie zu Kinder- und Jugendkulturprojekten. Eine empirische Untersuchung zu den Qualitäts-merkmalen der Kinder- und Jugendkulturarbeit in Deutschland. Hg.: PWC-Stiftung. Mai. 2007

[9] Die Durchführung einer Faktorenanalyse ist an sich nur mit intervallskalierten Daten möglich, in der Praxis wird sie unter bestimmten Voraussetzungen aber

einen nicht subjektiven Blick auf mögliche Zusammenhänge zu werfen: Welche Qualitätsmerkmale stehen in Bezug zueinander? Bedingt beispielsweise eine gute Berichterstattung in der Presse immer eine bessere finanzielle Ausstattung von Förderern und Sponsoren? Und gibt es Projekttypen mit unterschiedlichen Ausrichtungen im Bereich der Kinder- und Jugendkultur, die unterschiedliche Qualitätsmerkmale anstreben sollten, um erfolgreich zu sein? Geht man diesen Fragen auf Grund eigener gesammelter Erfahrungen nach, besteht die Gefahr, in der bisherigen Fachdiskussion nicht thematisierte Aspekte bzw. neuere Entwicklungen nicht zu erkennen. Natürlich ist es in einem zweiten Schritt gerade bei einem so komplexen Feld, wie kulturelle Kinder- und Jugendprojekte mit unterschiedlichen Zielgruppen und Arbeitsbereichen in verschiedenen Spartenbereichen, unabdingbar, solche rechnerisch ermittelten Zusammenhänge in Folge dann in qualitativen Gesprächen für die Praxisrelevanz zu erhärten.

In der Evaluation des Landesprogramms wurde eine andere Reihenfolge in den Erhebungsmethoden gewählt als bei der eben skizzierten Potenzialstudie. Erste Erkenntnisse des neu aufgelegten Programms wurden in der sekundäranalytischen Auswertung und den qualitativen Gesprächen mit allen Akteuren gesammelt und dann deren Relevanz in einer quantitativen Befragung überprüft, wobei neu gewonnene Aspekte im Rahmen der schriftlichen Befragung dann in Folge in einzelnen qualitativen Gesprächen gegen Ende der Evaluation noch einmal aufgegriffen werden können.

Grundsätzlich kann jedoch mit Blick auf die Erfahrungen bisheriger ZfKf-Studien zu diesen Themenfeldern festgehalten werden, dass es vorteilhaft ist,

---

auch bei ordinalskalierten oder nominalen Variablen mit dichotomen Ausprägungen akzeptiert. So fordert beispielsweise Louis Guttman bei der Verwendung nicht intervallskalierter bzw. metrischer Variablen, dass diese "eine offenbare Beziehung zu einem einzelnen gemeinsamen Faktor besitzen" müssten. Samuel A. Stouffer stellt die Forderung auf: "Es muss möglich sein, die einzelnen Indikatoren so zu ordnen, dass im Idealfall alle Personen, die eine gegebene Frage zustimmend beantworten, eine höhere Rangordnung einnehmen als Personen, die eine Frage ablehnend beantworten" (S. A. Stouffer 1950, S.5).
Vgl. hierzu Erwin K. Scheuch u. Helmut Zehnpfennig: Skalierungsverfahren in der Sozialforschung. In: Handbuch der empirischen Sozialforschung Band 3a. Hg.: Rene König. 3. Auflage. 1974. Stuttgart. S. 116f. Auch Johann Bacher verweist auf die Verwendung von ordinalskalierten oder nominalen Variablen mit dichotomen Ausprägungen bei der Faktorenanalyse in der Praxis. Vgl. hierzu: Johann Bacher: Clusteranalyse. 2. erg. Auflage. München. Wien. 1996. S. 20

sich Forschungsfragen sowohl auf qualitativer als auch quantitativer Ebene anzunähern.

Baustein 1 – Zu den sekundäranalytischen Erhebungsschritten

Sämtliche Projektunterlagen des Landesprogramms, wie Bewerbungen, Materialien der Fortbildungen, Protokolle, Pläne zu den Tagungsabläufen, etc. wurden *sekundäranalytisch* ausgewertet. Für jedes Projekt wurde auf Basis der vorliegenden Bewerbungsunterlagen im Folgenden systematisch alle verfügbaren Informationen in eine Datenbank eingegeben, so dass Aussagen für alle geförderten Projekte der ersten Förderwelle möglich wurden, beispielsweise zum biographischen Werdegang der Künstler, zu den Projektorten, den Projektinhalten, wie Sparten, Zielgruppen, Zeitorganisation und vieles mehr. Dieses Verfahren wird zur Zeit in verkürzter Form auch auf die Projekte der zweiten Förderwelle 2007/08 angewendet, um Vergleiche zwischen der 1. und 2. Förderwelle zu ermöglichen.

2.3.2   Baustein 2 – Zu den qualitativen Erhebungsschritten

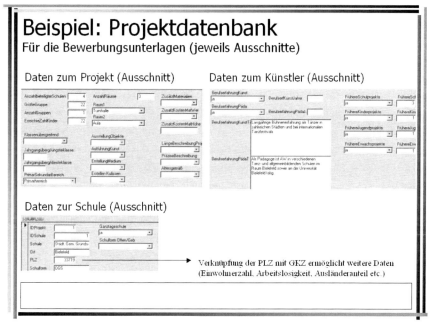

Die *qualitativen Interviews* vertiefen in einem zweiten Schritt die Erkenntnisse der sekundäranalytischen Auswertungen. Intensive Gespräche wurden dabei bisher mit Repräsentanten aller am Landesprogramm beteiligten Personengruppen geführt: mit 20 ausgewählten Künstlern, 20 ausgewählten Schulleitern, den Fortbildungsinstitutionen sowie auch mit Schul- und Kulturämtern der Kommunen und einer Bezirksregierung, die die Bewerbungen koordinierten. Die Auswahlkriterien für die 20 Künstler und Schulleiter als Gesprächspartner, beinhalteten folgende Aspekte wie bspw. städtisch/ländlicher Wohnraum bzw. Einwohnerzahl, Berücksichtigung verschiedener Schulformen (Gymnasien, Realschulen, Hauptschulen, Grundschulen, OGS, Gesamt- und Förderschulen) sowie verschiedener Sparten innerhalb der durchgeführten Projekte.

Auch beteiligte Schüler wurden auf den Abschlussveranstaltungen des Landesprogramms zur Akzeptanz der Künstlerprojekte befragt, um O-Töne einzufangen. Von einer systematischen quantitativen wie qualitativen Erhebung der beteiligten Schülerinnen und Schüler, die vielfach aus dem Grundschulbereich kommen, wurde bewusst abgesehen.

2.3.3   Baustein 3 – Zu den quantitativen Erhebungsschritten

In einem dritten Schritt wurden alle beteiligten Künstler und Schulen schriftlich in einer Vollerhebung befragt. Diese *quantitativen Erhebungen* sollen eine breite Rückmeldung zum Programm ermöglichen. In einigen ausgewählten Schulen wurden auch die Eltern, stellvertretend für ihre Kinder, um ein Meinungsbild gebeten. Hierbei ging es vor allem darum, welche Rückmeldung die Kinder den Eltern in Bezug auf das künstlerische Projekt gaben, die Einstellung der Eltern zum Projekt und zur kulturellen Bildung allgemein. Es wurde zudem gefragt, ob die Kinder früher schon in künstlerischen Bildungsangeboten Erfahrungen sammeln konnten.

Der standardisierte schriftliche Fragebogen an die Künstler ermöglichte die Rückmeldung auf einzelne Teilaspekte des Landesprogramms, wie die Zusammenarbeit mit Schule, Schülern, Eltern, den Repräsentanten des Landesprogramms, Räumlichkeiten, etc., aber auch die Akzeptanz des Honorars oder die Einschätzung der Öffentlichkeitsarbeit. Auch wurde das Vorhandensein eines Ansprechpartners in der Schule und die Erfahrungen der Künstler mit den Fortbildungen thematisiert. Ein wichtiger Parameter zur Akzeptanz lag in der Frage nach einer weiteren Bewerbung und Teilnahme am Landesprogramm "Kultur und Schule".

Die Schulleiter wurden ebenfalls zu den einzelnen Teilaspekten des Landesprogramms befragt. Neben einer Einschätzung der Akzeptanz von Schüler- und Elternseite und zur Konzeption des Landesprogramms wurden diese auch um eine Einschätzung der künstlerischen und pädagogischen Leistungen des Künstlers innerhalb des Schulprojekts gebeten. Thematisiert wurde neben der aktuellen Situation der Schule im Kontext kultureller Bildungserfahrungen, auch die Existenz früherer kultureller Bildungsangebote.

Zum Design der Erhebungsbögen
Für die Evaluation

Erhebungsform	Erhebungsbögen	Akteure / Maßnahmen
Qualitativ	Interviewleitfäden	Künstler, Schulleiter, Kommunen (Kultur-/Schulamt), Fortbildungseinrichtungen, Bezirksregierungen
Quantitativ	Standardisierte DinA4-Fragebögen (doppelseitig)	Künstler, Schulleiter, Eltern
Sekundäranalytisch (Materialien / Quellen)	Projektbewerbung Fortbildungsunterlagen	Projekte Fortbildungen

Die erhobenen Daten des dreiteiligen Methodenkonzepts werden zur Zeit für eine ganzheitliche Betrachtung und einen abschließenden Auswertungsbericht harmonisiert und zueinander in Beziehung gesetzt. Die folgende Übersicht veranschaulicht noch einmal die verschiedenen Erhebungsschritte auf den einzelnen Ebenen.

III EMPFEHLUNGEN ZUR DURCHFÜHRUNG VON EVALUATIONEN

Für Evaluationen im kulturellen Bereich ist es wichtig, dass die Durchfuhrenden *einschlägige Kenntnisse* der Thematik besitzen, da es innerhalb der Kultur Grundprozesse gibt, die beispielsweise nicht mit betriebswirtschaftlichen Modellen darstellbar sind, wie "Die Nachfrage regelt das Angebot". Dass eine Forschungseinrichtung, die auf die Evaluation von Kunst- und Kulturprozessen spezialisiert ist, nicht unbedingt geeignet ist, ein Wirtschaftsunternehmen zu betrachten, ist in der Regel allen Beteiligten klar. Man würde sich diese Sensibilität jedoch auch in umgekehrter Richtung wünschen.

Des weiteren – und diese Forderung geht mit der ersten nach mehr Fachkenntnis im kulturellen Bereich bei Evaluationen einher – ist es unabdingbar, über ein breites Netz an *Vergleichszahlen* zu verfügen. Denn generell stoßen Erhebungen oft dort an ihre Grenzen, wo wichtige Vergleichszahlen fehlen. Was bringt folgende Aussage an Erkenntnisgewinn: Das Museum X am Ort Y hat eine jährliche Besucherzahl in Höhe von Z, wenn wir nicht wissen, was Museen mit vergleichbaren Sammlungen und Themen in Orten mit ähnlicher Einwohnerzahl und Infrastruktur an Besucheraufkommen haben. Stellt man beispielsweise für ein Musikfestival fest, dass ein Drittel der Besucher dieses speziell wegen der programmatischen Konfrontation eines historischen Komponisten mit zeitgenössischen Komponisten aufsuchen, was ein Teilaspekt des Festivalprogramms ist, so mag das für einen Politiker ohne Musikfachkenntnisse ein Grund sein – und wurde in der Praxis auch so gehandhabt – diesen Programmaspekt künftig nicht mehr zu finanzieren, da zwei Drittel der Besucher dies nicht für wichtig erachten. Ergänzt man hier jedoch die Zusatzinformation, dass in der Festivalregion[10], die bekannt ist für ein reges Angebot an zeitgenössischer Musik, der Interessenten- bzw. mobilisierbare Anteil dennoch gerade einmal bei 7% liegt (was sehr viel ist), es bei eben erwähntem Festival zudem vor allem die jungen Leute sind, die sich diese Konfrontation wünschen und im Vergleich zu anderen klassischen Musikfestivals in den Jahren, wo diese Konfrontation gepflegt wurde, überproportional vertreten waren, wird eine solche kommunalpolitische Entscheidung kaum mehr nachvollziehbar.

Ein anderes sehr wichtiges Thema im Kontext der Evaluation beschreibt das Stichwort "*Vertrauen*". Beteiligte einer Kultureinrichtung oder einer kulturellen Fördermaßnahme müssen der evaluierenden Einrichtung Vertrauen entgegen bringen, nur dann erhält man auch brauchbare Daten und Erkenntnisse. Dies bedingt jedoch, dass das Vertrauen nicht missbraucht wird und beispielsweise anonyme Erhebungen, sei es in quantitativer oder qualitativer Form auch anonym bei dem Auftraggeber bleiben und nur in personenungebundener Form Inhalte und Aussagen weitergeleitet werden. Es bedarf jedoch auch eines Vertrauensverhältnisses zwischen den Evaluatoren und dem Auftraggeber. Der Evaluator, der Zugang zu vertraulichen Informationen eines Programms, einer Einrichtung oder Fördermaßnahme erhält, wertet diese Daten aus und sollte diese nur dem Auftraggeber zuleiten, damit dieser – und nur dieser – zunächst Konsequenzen aus den Ergebnissen ziehen kann. Umgekehrt sollte der Auftraggeber die Leistung der Evaluatoren nicht dazu missbrauchen, Entscheidungen zu recht-

---

[10] Vgl. Susanne Keuchel: Rheinschiene – Kulturschiene. Mobilität – Meinungen – Marketing. Bonn. 2003

fertigen, die eigentlich längst gefallen sind und mit den Inhalten und Empfehlungen einer Evaluation gar nicht mehr übereinstimmen.

Damit ist man schon bei dem letzten entscheidenden Punkt: der Darstellung und *Präsentation einer Evaluation in der Öffentlichkeit*. Aus langjähriger Erfahrung sei davor gewarnt, Ergebnisse einer Evaluation unreflektiert nach außen zu tragen. Der Umgang mit den Ergebnissen sollte durch die Evaluierenden selber bestimmt werden. Dazu gehört auch, dass kritische Ergebnisse erst einmal intern kommuniziert werden sollten, eine interne Manöverkritik angeregt wird und in Folge Verbesserungsvorschläge erarbeitet werden. In Kombination mit direkten praxisorientierten Vorschlägen zur Verbesserung von Schwachpunkten können kritische Ergebnisse auch nach außen kommuniziert werden. Zeigt man jedoch einfach nur Schwachpunkte auf und überlässt es den Medien und der Politik, Rückschlüsse zu ziehen, kann das die eigene Arbeit gefährden.

Nutzt man in diesem Sinne kritische Ergebnisse einer Evaluation produktiv – also zur Verbesserung der Ausgangssituation und nicht, um beispielsweise Kürzungen im Nachhinein zu rechtfertigen oder die künstlerische Freiheit einzuschränken – verliert das "Schreckgespenst" Evaluation seine abschreckende Wirkung ...

... und man würde sich vor allem bei der Kulturellen Bildung sogar noch mehr Evaluation im Hinblick auf die Gestaltung optimaler Vermittlungsprozesse und Rahmenbedingungen wünschen.

EVALUATION BEI PRO HELVETIA: LESSONS LEARNT UND BEST PRACTICE

Anne-Catherine de Perrot[11]

Was wir in Pro Helvetia mit der Evaluation gelernt haben und beabsichtigt haben, werde ich Ihnen in den folgenden Kapiteln erzählen. Zuerst aber möchte ich Ihnen ein paar Daten über Pro Helvetia geben, damit Sie nachher das Thema Evaluation in Pro Helvetia besser einbetten können.

DIE KULTURSTIFTUNG PRO HELVETIA IN KÜRZE

Pro Helvetia arbeitet mit 4 Instrumenten:

Sie antwortet auf finanzielle Anfragen (Gesuche), die von externen Gesuchstellenden aus der ganzen Welt kommen (70% ihrer Mittel). Sie entwickelt neue Fördermaßnahmen.

Sie unterhält Außenstellen im Ausland, nämlich in Kairo, Kapstadt, New Delhi, Paris und Warschau (15% ihrer Mittel).

Sie entwickelt eigene Aktivitäten: die Programme (10% ihrer Mittel). Es gibt zwei Typen von Programmen: Programme setzen *geographische* Schwerpunkte im Ausland und öffnen Schweizer Kulturschaffenden Türen zu anderen Kulturen. Programme setzen *thematische* Schwerpunkte im Inland und rücken wichtige kulturelle Fragen ins Schweinwerferlicht.

Sie hat ein eigenes Kulturmagazin: Passagen (5% für die Kommunikation allgemein).

GRUNDSÄTZE FÜR DIE PRAXIS DER EVALUATION

Grundsatz 1. Wieso evaluieren?

Seit 2000 hat Pro Helvetia einen Evaluations-Dienst. Wieso wurde er gegründet? Da die finanziellen Ressourcen immer knapper wurden, die Kontrolle des Parlamentes immer enger, wollte sich Pro Helvetia reorganisieren und die Wirksamkeit ihrer Instrumente überprüfen. Einfachere Strukturen und Abläufe,

---

[11] Anne-Catherine de Perrot, Soziologin, ist Leiterin des Evaluationsdienstes der Schweizer Kulturstiftung Pro Helvetia.

Effizienz waren gefragt. Die Routine sollte gesprengt, klare Entscheidungen getroffen und Prioritäten festgelegt werden. Und die Wirksamkeit der heutigen Kulturförderung sollte hinterfragt werden. Prüfung der optimalen Leistungen und Wirkungen ist das Ziel des Instrumentes Evaluation. Mit anderen Worten ging es dabei auch um Verbesserungen des operationellen Managements.

Fazit: die Finalität der Evaluation heißt in Pro Helvetia:

▪ Entscheidungen erleichtern und einfacher treffen

▪ Qualitätsmanagement sichern

▪ Und lernen!

Eine wichtige Präzisierung: Pro Helvetia trifft Entscheidungen über die 3500 externe Gesuche, die sie jedes Jahr bekommt. Diese Anfragen um finanzielle Unterstützung werden mit präzisen Kriterien in einem Juryverfahren analysiert. Förderentscheidungen und Auswahl von Kunstprojekten und KünstlerInnen werden getroffen (Entscheidkriterien: Professionalität, Innovation, Nachhaltigkeit, Realisierbarkeit, Schweizbezug, Attraktivität des Veranstaltungsortes, Ausstrahlung, usw.). Diese Art und Weise des Evaluierens eines Projektes ist nicht Thema dieses Vortrages. Mein heutiges Thema ist die Evaluation von Strategien, Strukturen, Fördermaßnahmen oder Programmen, um Qualität zu sichern.

Grundsatz 2. Was soll evaluiert werden? Auswahlkriterien

Aber was soll evaluiert werden? Was macht Sinn? Wie entscheiden? So viele Themen sind doch wichtig. Pro Helvetia ist eine kleine Institution. Ihr Budget für Evaluation ist beschränkt. Ihre Tätigkeiten systematisch zu evaluieren, wäre unmöglich. Deshalb müssen wir uns auf einige repräsentative, exemplarische Evaluationen konzentrieren. Evaluationen, aus welchen viel zu lernen ist. Das Thema soll wichtig sein, eine breite Tragweite soll es haben. Die Institution will keine Krankheit des Namens „Evaluitis" fördern.

Eine Evaluation wird nur durchgeführt, wenn mehrere der untenstehenden Entscheidkriterien erfüllt sind:

▪ **Notwendigkeit**: Nur wenn Pro Helvetia vor einer wichtigen Entscheidung über die Fortsetzung einer Strategie, einer Politik oder eines Programms steht, wird eine Evaluation gemacht.

▪ **Generalisierbarkeit**: Da die finanziellen Ressourcen beschränkt sind, muss eine Evaluation exemplarische Ergebnisse zeigen, die auf andere Themen angewandt werden können. Die Ergebnisse müssen generalisierbar sein.

- **Auswirkung:** Die Evaluation soll Auswirkungen haben auf die Strategien der Stiftung.

- Oder sie soll **Lösungsansätze für wichtige interne strukturelle Probleme** zeigen.

- **Motivation und Interesse des betroffenen Bereiches:** Schließlich haben Evaluationen mehr Erfolg, wenn der betroffene Bereich motiviert ist. Wenn er einverstanden ist, in einen Prozess einzusteigen, die Empfehlungen der Evaluation wahrzunehmen und umzusetzen. Wenn er sich am Änderungsprozess beteiligt.

Grundsatz 3. Wie evaluieren? Eine Vielfalt an Instrumenten

Ich komme endlich zur Frage, was meinen wir mit „Evaluation".

Evaluation heißt: Eine möglichst systematische und objektive Beurteilung einer Politik, einer Strategie oder eines Programms/Projekts, einschließlich deren Konzept, Umsetzung und Ergebnisse. Mit einer Evaluation sollen die Relevanz und die Erreichung von Wirkungszielen beurteilt werden.

Sie gibt Antwort auf den berühmten Satz: „Tun wir die richtigen Dinge, tun wir sie richtig?"

Evaluieren bedeutet, analysieren, ob...

... die Ziele und die erwartete Wirkung (Impact) erreicht sind

... die eingesetzten Maßnahmen zu den Zielen geführt haben.

Es ist wie mit einem Schiff auf einem Fluss: Evaluieren hilft, die andere Seite des Flusses zu erreichen. Den Punkt zu erreichen, wo wir landen möchten. Wenn der Bootsführer seine Tätigkeiten langfristig ausüben will, muss er sich intensiv mit der Evaluation von Strömungen, Wind, Anzahl von Passagieren auseinandersetzen. Sonst kann die Fahrt mit einem Schiffbruch enden!

Externe sowie interne Evaluationen (Auto-Evaluation, Bilanz) sind denkbar. Die Evaluationen, die ich hier als Beispiele nehmen werde, sind alle *externe Evaluationen*. Sie sind der Spiegel, in welchem die Institution, oder ein Teil davon, sich angesehen hat. Sie sind wichtig. Sie zeitigen Ergebnisse, die wir selbst nie gesehen hätten.

Auto-Evaluationen, Bilanzen sind auch interessant. Sie setzen aber eine Vorbereitung voraus, die selten vorgenommen wird. Sie setzt voraus, dass Ziele und Indikatoren, Fragen der Evaluation im Voraus definiert sind. Sonst besteht die Gefahr, dass eine Auto-Evaluation zu einer Glorifizierung der eigenen Aktivität führt. Dies gehört zu den Lessons Learnt der Evaluation bei Pro Helvetia. Ich werde am Schluss meines Vortrages darauf zurückkommen.

Controlling: Bei Pro Helvetia handelt es sich beim Controlling nur um wenige Daten für Steuerungszwecke. Es sind Daten wie: Der Anteil Betriebskosten am ganzen Budget, die ausgegebenen Mittel pro Quartal, die Zeit zwischen dem Gesucheingang und dem Entscheid, die Anzahl Gesuche pro Monat und die Entwicklung dieser Anzahl pro Jahr und Fachrichtung, usw.

BEISPIELE

Ich möchte Ihnen jetzt einige Beispiele geben. Was haben wir untersucht? Mit welchem Ziel? Was haben wir erreicht? Ich erinnere Sie kurz, dass unsere Evaluationen Entscheidungen, Qualitätssteigerung und Lernprozesse als Zweck haben.

Beispiel 1. Die Außenstellen in Bratislava, Budapest, Krakau und Prag

Seit 1992 führt Pro Helvetia Außenstellen in den Ländern: Slowakei, Ungarn, Polen und Tschechien. Diese Außenstellen fungieren als Kontaktstellen vor Ort und ermöglichen die Unterstützung von Projekten und Kunstschaffenden sowie die Förderung des Kulturaustauschs. Eine Außenstelle verfügt über 1 bis 3 MitarbeiterInnen. 2003 haben wir die vier Außenstellen evaluiert. Aus welchem Grund? Pro Helvetia wollte eine Entscheidung über die Zukunft dieser Außenstellen treffen. Wie weiter, war die Frage. Sollen wir vier Außenstellen behalten? Welche Struktur ist die adäquateste? Und die wichtigste Frage: Welche Wirkungen haben diese Außenstellen? Das Mandat der Evaluation wurde einem Institut aus Wien übergeben, dessen Spezialisierung die Analyse von Kultureinrichtungen im Ausland und Kulturpolitik ist.

Ziele der Evaluation waren: Entscheiden und Qualität sichern

Die Ergebnisse der Evaluation haben ermöglicht, dass Pro Helvetia eine klare Entscheidung traf: Drei Außenstellen wurden 2005 geschlossen (Prag, Bratislava und Budapest). Die vierte zog von Krakau nach Warschau. Das Wiener Institut plädierte nicht für die Schließung. Jedoch hat die Evaluation gezeigt, dass eine Außenstelle ausreichende Ressourcen (Mitarbeitende und Geld) benötigt, um ihre Wirkungsziele zu erreichen. Sie hat gezeigt, dass eine Außenstelle mit 0,5 Stellen ihre Ziele nicht gut erreichen kann. Deshalb sollte Pro Helvetia entweder mehr Mittel freimachen oder Außenstellen schließen. Da sie die Mittel dazu nicht hatte, musste sie die Konsequenzen ziehen.

Die Ergebnisse dieser Evaluation haben nicht nur einen Beitrag zur Verbesserung der Arbeit in den vier untersuchten Außenstellen geliefert, sondern auch zur Verbesserung der Arbeit allen Außenstellen, die Pro Helvetia in der Welt betreut. Die Evaluation hat allgemeine Stärken und Schwächen gezeigt, die generalisierbar sind.

Beispiel 2. Ein Musikprogramm in Bolivien

Mit der Evaluation dieses Musikprogramms von Kulturprojekten in Bolivien wollte Pro Helvetia Entscheidungsgrundlagen sammeln für die Weiterführung oder den Abbruch der laufenden Aktivitäten. Im Falle einer Weiterführung ging es darum zu definieren, in welcher Form das Projekt weiter verfolgt werden sollte (welche Aktivitäten, wie und warum). Eigentlich wollte Pro Helvetia das Programm beenden – hatte aber ein mulmiges Gefühl. Ein Musikspezialist aus der Schweiz und ein bolivianischer Musiker wurden beauftragt, diese Fragen zu klären.

Ziele der Evaluation waren: Entscheiden und Lernen

Auf Grund ihrer Studie wurde das Programm um zwei Jahre verlängert. Mit dem klaren Auftrag, den Abschluss richtig vorzubereiten. Ohne die Evaluation wäre das Programm abrupter beendet worden. Die Analyse hat die hohe Qualität der Projekte in Bolivien, die interessante Anzahl der Kontakte und besonders die geweckten hohen Erwartungen gezeigt. Nach 5 Jahren Zusammenarbeit konnte sich Pro Helvetia nicht abrupt zurückziehen. Der Begriff von „Leave behind" wurde eingeführt. Interessant ist in diesem Fall, dass die beiden mit der Auswertung betrauten Personen Fragen gestellt haben, die die Entscheidungsträger bei Pro Helvetia dazu aufgefordert haben, klar Stellung zu beziehen. Wie kann die Kontinuität eines Programms sichergestellt werden? Wie soll ein Programm beendet werden? Dies war generalisierbar.

Diese Evaluation und die nächste haben zu einer Umstrukturierung innerhalb Pro Helvetia geführt, nämlich zu der Gründung eines neuen Bereiches „Programme". In diesem Bereich sind Mitarbeitende angestellt, die über hohe Kompetenzen in Projektmanagement verfügen.

Beispiel 3. Suiza en ARCO, Weltausstellung für Gegenwartskunst, Madrid

Die Schweiz war Gastland auf der Weltausstellung für Gegenwartskunst in Madrid „ARCO". Pro Helvetia wurde mit der Realisierung der Schweizer Beteiligung beauftragt. Dabei handelte es sich damals um eines der größten je von Pro

Helvetia durchgeführte Projekte. Die Präsenz der Schweiz in Madrid war ein sehr großer Erfolg. Die Durchführung des Projektes fast bis zum Schluss schwierig. Die Stiftung wollte dieses Projektes unbedingt evaluieren. Sie wollte lernen, verstehen und sich verbessern.

Ziele der Evaluation waren: Lernen und Qualität sichern

Die systematische Analyse der Durchführung dieses Projektes hat zu vielen aufschlussreichen Ergebnissen geführt. Die Bildung eines Bereiches mit Projektmanagement-Know how ist die konkrete und operative Folge davon. Weitere Empfehlungen haben zur Verbesserungen von Abläufen innerhalb der Institution und zur Erhöhung der Qualität des Projektmanagements geführt.

Beispiel 4. Die CD-Labelprämien in Jazz und improvisierte Musik

Die Evaluationen „Bolivien" und „Außenstellen" wurden durchgeführt, um eine klare, sichere Entscheidung treffen zu können. „ARCO" sollte der Stiftung zeigen, wie umfangreiche eigene Projekte zu gestalten sind. Alle drei Evaluationen wurden ex post durchgeführt. Es waren auch die ersten, die ich organisiert habe.

Die Evaluation der CD-Labelprämien in Jazz und improvisierter Musik zeigt eine ganz andere Art und Weise zu evaluieren. Die Evaluation wurde von Anfang an geplant, und begleitend durchgeführt. Sie erlaubte, eine neue wichtige Strategie der Musikförderung laufend zu verbessern. In 2003 führt die Abteilung Musik eine neue Strategie der Kulturförderung ein. Anstatt die Produktion einzelner CDs zu unterstützen (CDs die nachher nicht verkauft werden), entscheidet die Abteilung Musik, Labels, das heißt die Werbung der CDs, zu unterstützen. Die Abteilung Musik fragt sich jedoch: Erreicht diese Strategie die erhoffte Wirkung? Ist sie zutreffend? Wie soll sie weitergeführt werden, um noch mehr zu bewirken? Wie soll die zweite Prämie gestaltet werden?

Ziele der Evaluation: Qualität sichern

Der mit dieser Evaluation vertraute Experte untersuchte die Wirkung der Unterstützung bei den CD-Labels, die eine Prämie von Pro Helvetia bekommen hatten. Er untersuchte die Labels, die keine Prämien bekommen haben. Suchte nach Unterschieden, machte Interviews in der Jazz-Szene. Seine Ergebnisse waren klar: Die neue Strategie zeigte sehr positive Wirkungen, könnte aber mit ein paar Korrekturen noch wirkungsvoller sein, wenn zum Beispiel die Kontinuität sichergestellt wäre, die Zusammenarbeit mit anderen öffentlichen und privaten Institutionen gesucht würde, um weitere finanziellen Ressourcen zu öffnen, de Prämie sich auf Jazz konzentrierte, usw. Dies wurde so gemacht. Nach zwei

Jahren wurden die Wirkungen nochmals gemessen (Anzahl CDs Verkauf, Zufriedenheit der MusikerInnen und der CD Labels). Die Strategie scheint die richtigen Früchte zu tragen.

Die Methode der Evaluation als Begleitmaßnahme ist eine wertvolle Methode. Deshalb wurde in der Pro Helvetia beschlossen, weitere Strategien mit einem externen Evaluator von Anfang an zu begleiten, zum Beispiel, die prioritäre Jazzförderung.

LESSONS LEARNT UND BEST PRACTICE

Gelernt haben wir sehr viel über unsere Institution. Gelernt haben wir aber auch viel über Evaluation.

Lesson 1. Klare Zieldefinition erleichtert Durchführung und Qualität der Evaluation

Wenn die Ziele eines Projektes, einer Strategie, einer Fördermaßnahme nicht klar definiert sind, bedeutet dies, dass alle Wege richtig sind, dass alle Destinationen möglich sind. Ob Sie in Rom oder in Potsdam ankommen, ist immer richtig. Wie soll dann die Evaluation feststellen, ob Sie Ihr Ziel erreicht haben? Vielleicht wollten Sie eigentlich nach Zürich fahren. Und jetzt Sie sind in Budapest. Wenn Sie nicht definieren, wie lang die Reise dauern darf, sind alle Maßnahmen, in meinem Beispiel alle Transportmöglichkeiten, richtig: Ob zu Fuß, mit dem Zug oder einem Flugzeug, alles ist erlaubt.

Der Ausgangspunkt bei der Planung jeder Evaluation ist die Festlegung der Ziele einer Aktivität. Die klare Zielsetzung soll als Referenzwert gelten, dem dann die Resultate der Umsetzung gegenübergestellt werden können. Erst dann können wir beurteilen, ob sie die richtigen Transportmittel (Maßnahmen) gewählt haben.

Das scheint Ihnen gewiss selbstverständlich, aber in der Evaluationspraxis stellt man oft fest, dass Zielsetzung und angestrebte Wirkung selten klar definiert sind. Sie sind irgendwo in die betreffenden Papiere eingegangen und es ist schwer, sie überhaupt festzumachen. Oft gleichen sie eher Absichtserklärungen und können nicht in präzise Resultate gefasst werden. Diese Unschärfen sind dafür verantwortlich, dass es manchmal schwierig ist, die Analyse von Wirkung und Resultate einer Aktivität vorzunehmen. Und dies besonders in der Kultur und in der Kulturpolitik und Strategien.

Lesson 2. Indikatoren festlegen, ist nicht einfach, aber unerlässlich

Das Gleiche gilt für die Festlegung von Indikatoren.

Zu der Zieldefinition gehört auch die Definition von Indikatoren. Indikatoren haben viel mit Qualität zu tun: Welche Qualität soll angestrebt werden? Wie soll gewährleistet werden, dass das gewünschte Qualitätsniveau erreicht wird? Wie und woran soll die Qualität gemessen werden? Wann bin ich zufrieden? Die Auswahl der richtigen Indikatoren ist eine Kunst. Denn die Schwierigkeit ist: Wie bringen Sie Ihren Leuten bei, dass sie für die schönsten Vorhaben, die Millionen kosten, messbare Zielvorgaben formulieren und sich nicht mit der Zufriedenheit der Geldempfänger (mit der grundsätzlich zu rechnen ist) und dem Glück des Projektleiters zufrieden zeigen? Die Entdeckung der Schwierigkeit, einfache, messbare und klare Ziele und Indikatoren zu definieren, war für mich die ernüchternde Erfahrung meiner Evaluationspraxis.

Als Folge dieser Feststellung wurde beschlossen, jedes wichtige eigene Vorhaben von Pro Helvetia (Programme, Strategien) von einem externen Berater betreut werden zu lassen, um Wirkungsziele und Indikatoren von Anfang an festzulegen.

Dank dieser neuen Maßnahme werden:

- Erstens: weniger externe (mit Kosten verbundenen) Evaluationen nötig.
- Zweitens: werden Auto-Evaluationen ermöglicht und vereinfacht. Sie werden ehrlicher. Die Resultate werden auch nachvollziehbarer für die Vorgesetzen. Ein Steuermechanismus ist so besser eingebaut. Von dieser neuen Maßnahme erwarten wir eine Qualitätssteigerung der eigenen Aktivitäten und Strategien.

Einige kurze Bemerkungen zum Thema Indikatoren, ein schwieriges Thema:

Die Zahl der Indikatoren sollte begrenzt werden. Indikatoren können quantitative Indikatoren sein, wie beispielsweise Anzahl wichtige Ausstellungen, Anzahl Zuschauer oder Besucher, Länge der Warteschlangen, Anzahl Artikel in der Presse, usw. Sie können aber auch qualitativ sein: Zufriedenheit, Begeisterung, Inhalt den Presseartikeln, usw. Oft sind sie jedoch kombiniert.

Heutzutage möchten viele kulturelle Institutionen klare „einfache" Indikatoren haben und Ihre Geldgeber damit beglücken. Eines sollte aber klar sein. Indikatoren sind eng mit den Zielen eines Projektes, eine Fördermaßnahme oder einer Strategie verknüpft. Sie sind nicht für alle Vorhaben identisch. Dazu ein Beispiel: Bei kulturellen Veranstaltungen möchte man gern die Anzahl Zuschauer als Indikator eines Erfolgs, resp. eines Misserfolgs nehmen. Gern möchte man sagen: Wenn der Saal voll ist, ist das Ziel erreicht. Diese Behauptung ist jedoch nur richtig, wenn dieser Indikator als Massstab für Erfolg vorher definiert worden war. Es kann sein, dass eine Institution beschliesst, Konzerte von zeitgenössischer Musik durchzuführen, wohl wissend, dass der Saal halb voll bleiben wird. Der Erfolgsindikator wird die Schönheit des Klangs der Musik oder die Reinheit der Aufnahme auf einer CD sein. Auch wenn nur 10 Leute im Saal die Musik genossen haben.

Lesson 3. Die Wechselbeziehungen zwischen der Evaluation und der Planung erzielen Erfolge

Je früher die Organisation die Evaluation ins Auge fasst, also eigentlich bereits zu Beginn einer Aktivität, desto effizienter wird die Evaluation verlaufen! Die Evaluation sollte nicht auf ein letztes Ritual, eine letzte Etappe reduziert werden, die erst durchlaufen wird, wenn das Projekt oder die Fördermaßnahme abgeschlossen ist. Dies bringt auch den Vorteil mit sich, dass die Vornahme von Evaluationen nicht auf Situationen beschränkt wird, die im Zusammenhang mit Krisen, Misserfolgen oder Misstrauen stehen, und dass die Evaluation als Lernprozess aufgefasst wird. Eine Evaluation bereits im Planungsstadium zu thematisieren, bedeutet, früh überlegen, welche Zielevaluation damit verfolgt wird, welche hauptsächlichen Fragen eingehend zu behandeln sind und welche Maßnahmen und Indikatoren überprüft werden müssen.

Lesson 4. Wenige, aber die richtigen Fragen evaluieren, genügt

Wenn Sie alle Wirkungen evaluieren, alle Ziele und Maßnahme, hat dies eine Inflation von Indikatoren zur Folge. Daraus lassen sich keine nützlichen Erkenntnisse ziehen. Man muss in der Lage sein, sich auf bestimmte Elemente zu konzentrieren, sich auf das Wesentliche zu beschränken. Formulieren Sie einige pointierte, klare und konkrete Fragen.

Lesson 5. Aussagekräftige Evaluationsthemen sind übertragbar

Es müsse nicht alle ihre Aktivitäten evaluiert werden, vielmehr sollen einige signifikante Aktionen ausgewählt werden, aus denen allgemein gültige Schlussfolgerungen gezogen werden können für ähnliche Anlässe. Ein umfassendes Bild der Aufgabenanalyse einer Institution lässt sich besser Schritt für Schritt über mehrere, relativ eng gefasste Aktivitäten machen.

Lesson 6. Eine zuständige Stelle für Evaluationsfragen erhöht die Qualität des Evaluierens

Empfehlenswert ist es, wenn in einer Institution eine Person (auch als Teil ihrer Beschäftigung) zuständig für Evaluationsfragen ist. Evaluationsdesigns und Fragestellungen werden professionell vorbereitet, Aufträge an externe EvaluatorInnen klar formuliert, die Begleitung des Evaluationsprozesses sicher gestellt und, was sehr wichtig ist, die Umsetzung der Ergebnisse einer Evaluation wird begleitet.

ZUM SCHLUSS, DIE ZUKUNFT

Im Gespräch mit anderen Förderinstitutionen und Akteuren der Kultur wurde mir immer deutlicher, wie ein einfacher und praxisnahre Leitfaden über Evaluation in der Kultur einem klaren Bedürfnis entspricht. Ein Leitfaden als Werkzeug, als konkrete Anleitung, wie Evaluationen sich organisieren und durchführen lassen. Mit dem Migros Kulturprozent wurde beschlossen, einen solchen Leitfaden zu verfassen. Mitte 2008 sollte er erscheinen.

Die Evaluation ist eine Kunst.

EVALUATION FÜR INSTITUTIONELL GEFÖRDERTE KULTUREINRICHTUNGEN

Gesa Birnkraut und Volker Heller[12]

VORBEMERKUNG

Die Evaluation von Institutionen (Organisationen) bedarf anderer Methoden und Instrumente, als sie in der Evaluation von Projekten eingesetzt werden. Nach einer gründlichen Recherche entsprechender Methoden im In- und Ausland haben wir uns entschlossen, selber ein Modell zur Evaluation für institutionell geförderte Einrichtungen zu entwickeln, das als Verfahren dem hochkomplexen Gegenstand von kulturproduzierenden und –vermittelnden Organisationen gerecht werden könnte.

Bevor wir dieses Verfahren in Aufbau und Durchführung vorstellen, erläutern wir kurz die Ziele, die Prämissen und die Philosophie unseres Evaluationsmodells.

WIESO EVALUATION FÜR KULTUREINRICHTUNGEN?

Kultureinrichtungen sind in der Regel sowohl baulich/technisch als auch in ihrer organisationalen Kompetenz einzigartige Infrastrukturen zur Produktion von (künstlerischen) Angeboten zur Kulturvermittlung. Mit dieser einzigartigen Infrastruktur haben die Einrichtungen meistens ein regionales Alleinstellungsmerkmal, d.h. die Gesetze des Wettbewerbs kommen nicht im Sinne eines Korrektivs im Handeln der Organisation zur Wirkung. Die öffentliche Hand kann in der Regel auch nicht auf andere Anbieter zur Erstellung der gewünschten Leistung/Wirkung umschwenken, d.h. die geförderte Einrichtung hat in diesem Sinne eine nahezu unanfechtbare Monopolstellung inne. Vor diesem Hintergrund erscheint uns Evaluation als der geeignete Weg, dem Zuwendungsgeber (der öf-

---

[12] Dr. Gesa Birnkraut, Dipl. Betriebswirtin, Dipl. Kulturmanagerin, Promotion in Kulturmanagement, ist geschäftsführende Gesellschafterin der Kulturmanagement-Beratung Birnkraut & Partner, Hamburg.

Volker Heller, Musiker, Musiklehrer, Diplom-Kulturmanager, ist nach Stationen als Kulturmanager in Frankfurt/Oder und Bremen Leiter der Kulturabteilung in der Senatskanzlei Berlin.

fentlichen Hand) und der Einrichtung zu helfen, die bestmögliche Wirksamkeit des Handelns sicherzustellen.

Eine erfolgreiche Evaluation von Kultureinrichtungen muss unseres Erachtens folgende Prämissen beachten:

Keine direkt an das Evaluationsergebnis gekoppelten Förderentscheidungen als Sanktion. Hierfür gibt es mehrere gute Gründe:

a)   Zunächst wird die Aussicht auf mögliche Sanktionen die (zur erfolgreichen Durchführung einer Evaluation zwingend notwendige) Bereitschaft der Einrichtungen zur Mitwirkung stark mindern. Die möglicherweise sogar existenzielle Angst vor den Evaluationsergebnissen wird Blockadehaltungen erzeugen. Statt gemeinsam an Verbesserungen zu arbeiten, wird die Einrichtung motiviert, geschönte oder gar falsche Angaben zu machen, zu beschönigen, zu verschleiern und zu verweigern. Die Ergebnisqualität und Wirkung der Evaluation wird so völlig obsolet.

b)   Sanktionen bei der Förderhöhe institutionell geförderter Einrichtungen können schnell existenzielle Auswirkungen haben; solche Existenzkrisen bedeuten aber einen kontraproduktiven Verlust von Infrastruktur und Leistung. Es ist ja i.d.R. nicht die Notwendigkeit einer öffentlichen Leistung an sich, die mit der Evaluation hinterfragt wird, sondern die Wirksamkeit der mit der Herstellung beauftragten Organisation. Die Infrastruktur dieser Organisation wird aber weiterhin für die Leistungserstellung benötigt. Im übrigen können Fördersanktionen, die gegen eine Organisation verhängt werden, einer aus dem Evaluationsergebnis heraus gewünschten Veränderung genau kontraproduktiv entgegenstehen – die Institution verliert die Ressourcen, die sie zur Veränderung bräuchte.

c)   Wenn doch die Beendigung einer Förderung/Schließung einer Einrichtung erwogen wird, so zeigt die kulturpolitische Erfahrung, dass dies ein politisch auszuhandelnder Prozess ist (der in seiner extrem politischen Emotionalität häufig Glaubenskriegen ähnelt). Die Erfahrung zeigt auch, dass ein solcher politischer Prozess eigener Logik folgt, den sachorientierten Boden von Evaluationslogik schnellstmöglich verlässt und Evaluationsergebnisse bestenfalls ignoriert, schlimmstenfalls zugunsten der eigenen politischen Haltung uminterpretiert. Am Ende bleibt in jedem Fall ein Verlierer auf der Strecke: die Evaluation selbst. Sie ist unglaubwürdig und diskreditiert, ihre Ergebnisse werden nicht zur Verbesserung öffentlicher Leistungen genutzt und einem neuen Verfahren werden sich alle Beteiligten vermutlich verweigern. Deshalb unserer dringender Rat: Wer kulturpolitische Förderentscheidungen im Sinne selektiver Auswahl treffen muss, sollte sich eines Jury-Verfahrens bedienen.

Die Evaluation versteht Kultureinrichtungen im wesentlichen als Unternehmen der Kulturvermittlung.

Aus diesem Verständnis ergeben sich Ansätze, die der „Falle" entgehen, die Kunst selber bewerten zu wollen. Zwar wird im öffentlichen Kulturbetrieb permanent über Qualität geurteilt, so z.B. in Jurys, zugleich behauptet aber ein Großteil der Beteiligten in den Institutionen, außerhalb einer solchen Bewertungsmöglichkeit zu stehen. Der Verzicht auf die Untersuchung/Bewertung der künstlerischen Qualität im Evaluationsverfahren vermeidet somit unnötige kulturpolitische Grundsatzdebatten und Abwehrschlachten über die Zulässigkeit, Kompetenz und Richtigkeit künstlerischer Bewertungen. Allerdings beurteilt das von uns vorgeschlagene Verfahren die Positionierung im eigenen künstlerischen Referenzsystem durch entsprechende Indikatoren (z.B. welche Kooperationspartner auf welchem nationalen und internationalem Niveau arbeiten regelmäßig mit der Einrichtung).

Die institutionelle Förderung großer Kultureinrichtungen erfolgt wesentlich mit der Anforderung, Kunst gesellschaftlich verfügbar zu machen – egal ob sie zu diesem Zweck erst produziert werden muss (Theater) oder schon vorhanden ist (Kunsthalle). Solche Vermittlungsunternehmen häufig mittelständischer Größenordnung müssten genauso wie die fördernde öffentliche Hand ein Interesse an größtmöglicher Wirksamkeit haben. Die öffentliche Hand muss dies aber auch allein aus ihrer Funktion und Rolle heraus schon sichern wollen. Insofern ist der von uns gewählte Ansatz der Evaluation einer des Qualitätsmanagements: Es geht darum, die Wirkungsorientierung der Organisation in ihrer Qualität systematisch weiter zu entwickeln.

Ausgangspunkt unseres Evaluationsverfahrens sind daher zwei zentrale Fragestellungen:

1. Arbeitet die Einrichtung systematisch und kontinuierlich an der Sicherstellung der eigenen Wirksamkeit? Tut sie dies in hoher Qualität und Nachhaltigkeit?

2. Woran erkennen die Einrichtung und der Zuwendungsgeber, ob die Einrichtung systematisch und kontinuierlich wirkungsorientiert arbeitet?

Diese Fragestellung bedingt unseren methodischen Ansatz, wobei zuvor noch eine grundsätzliche Frage zu klären wäre, und das ist die Frage nach der zugrundeliegenden Steuerungsphilosophie. Wir sind skeptisch gegenüber Potenzphantasien allmächtiger Steuerung durch entsprechende zentral geführte Planungsinstrumente. Sie widersprechen der Realität kulturpolitischer Erfahrung genauso wie sie der gewünschten unternehmerischen Eigenverantwortung der geförderten Einrichtungen widersprechen. Wir haben daher ein Evaluationsverfahren entwickelt, dass die Verantwortung der Einrichtungen in der Selbststeuerung ernst nimmt und zugleich den Anspruch der öffentlichen Hand auf entsprechende Wirkung der Förderung unterstützt. Dieses Verfahren soll einen kontinuierlichen Dialog über die Wirksamkeit sowohl intern in der Einrichtung als auch extern mit dem Zuwendungsgeber ermöglichen und somit die Voraussetzung für einen kontinuierlichen Qualitätsmanagementprozess im Sinne einer „permanent lernenden Organisation" legen.

Das von uns entwickelte Modell geht von der Annahme aus, dass eine wirkungsorientierte Organisation die Qualität ihrer Arbeit mit bestimmten Prozessen sichert. Das Vorhandensein entsprechender Prozesse ist für uns wiederum der wesentliche Indikator für Wirkungsorientierung und Qualität. Unser Evaluationsmodell entwickelt also keine neuen Kennzahlen und statistische Verfahren und entgeht damit auch der ewigen Suche nach der „richtigen" Kennzahl. Die wenigen notwendigen Basisdaten über die Einrichtung müssten i.d.R. ohnehin beim Zuwendungsgeber im Rahmen des ganz normalen Controlling vorliegen und müssen nicht neu erfunden werden. Sinn und Zweck unseres Evaluationsverfahrens ist es, systematische Arbeitsprozesse mit hohem Effekt für die Wirksamkeit der Einrichtungsarbeit zu erkennen und ggf. die Einrichtung zu unterstützen, sich in diesem Sinne weiterzuentwickeln.

Um es in einem – in der Evaluation häufig herangezogenen - Bild der Navigation zu beschreiben: Die von uns entwickelte Evaluationsmethodik soll nicht die Zielpunkte der Einrichtung operativ bestimmen, sondern hinterfragt die in der Zielbestimmung und Wegeplanung eingesetzten Verfahren. Mit den Worten der Navigation: Wenn das von der Einrichtung benannte Ziel Warschau ist, dann wird dieses Ortsziel in unserer Evaluationsmethode zunächst akzeptiert in der Vermutung, dass sich die Einrichtung aus gutem Grund, Erfahrung und Expertise für dieses Ziel entschieden hat. (Diesbezüglich wird höchstens geprüft, ob Polen insgesamt zu den Förderzielen des Zuwendungsgebers gehört) Indikatoren für diese Vermutung sind die Qualität der Routenplanung und Steuerung. Genau diese Indikatoren stehen in unserer Evaluationsmethode im Zentrum der Betrachtung.

AUFBAU UND STRUKTUR DES SYSTEMS

Aus den oben aufgeführten Zielsetzungen und den Zielgruppen ergaben sich gewisse Grundvoraussetzungen für die Struktur des zu entwickelnden Systems:

- Es sollte etwas geschaffen werden, das für jeden einfach zu durchschauen ist.
- Das System sollte für jede Kulturinstitution einfach adaptierbar sein.
- Das System sollte individuell in der Tiefe und der abzufragenden Bestandteile veränderbar sein.

Hinzu kam, dass es eine Mischung aus Eigen- und Fremdevaluation sein musste – für eine kontinuierliche und ganzheitliche Fremdevaluation bestehen weder in den Verwaltungen noch in den Institutionen die Mittel. Der Aufwand wäre auch in einem kontinuierlich gedachten Prozess viel zu hoch. Eine reine Eigenevaluation allerdings führt bei den gegebenen Abhängigkeitsbeziehungen meist zu Antworten, die geschönt und nicht realistisch sind. Also musste eine Mischung aus beiden Arten geschaffen werden, die von den Institutionen verlangt, einen großen Teil der Evaluation in Eigenarbeit zu machen – dies allerdings nicht zu zeitaufwendig. Die Verwaltung muss dann in der Folge die Möglichkeit haben auf Grundlage der Eigenevaluation einen prüfenden und beratenden Blick darauf zu werfen und damit eine ergänzende Fremdevaluation auszuüben. Auf dieser Basis können Zielvereinbarungen für den weiteren Entwicklungsprozess vereinbart werden.

Aufgrund dieser Vorgaben entstand das vorliegende Evaluationssystem als Baukasten. Dieser Baukasten ermöglicht es, für jede Situation, jede Institution und jeden einzelnen Prozess die individuell prioritären Bereiche zu definieren, an denen gearbeitet werden soll.

Der Baukasten besteht aus vier Bausteinen. Jeder dieser Bausteine besteht wiederum aus verschiedenen Themenfeldern. Für jedes dieser Themenfelder wurde ein Fragebogen erarbeitet, der aus jeweils bis zu 20 Fragen besteht.

Die Fragebögen wiederum haben drei Fragetiefen: Bestandsaufnahme, Qualität des Prozesses und Nachhaltigkeit des Prozesses.

So ergeben sich folgende Varianten und Kombinationsmöglichkeiten, mit denen der Evaluationsprozess individuell definiert werden kann:

(1)   Welcher Baustein wird bearbeitet?

(2)   Werden alle Themenfelder der ausgewählten Bausteine bearbeitet?

(3)   Sollen in den ausgewählten Themenfeldern alle drei Abfragetiefen abgefragt werden?

Die Fragen aus den ausgewählten Modulen sollen in bestimmter Frequenz (z.B. jährlich oder zweijährig) auf Neue gestellt werden, so dass in dem Entwicklungsprozess, den die Institution allein oder ggf. zusammen mit dem Betreuer aus der Verwaltung durchläuft, jedes Jahr neue Intensitäten und Fragestellungen angeschnitten und / oder überprüft werden können.

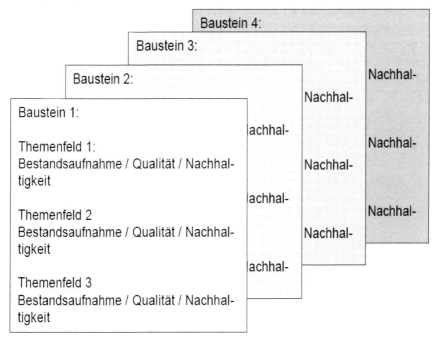

Die Beantwortung der Fragebögen dient als Basis für die jährlichen Gespräche zwischen den geförderten Institutionen und der Verwaltung. In diesen Gesprächen werden die Antworten hinterfragt und als Grundlage für Zielvereinbarungen genutzt.

BALANCED SCORE CARD SYSTEM

Ausdrücklich nicht bewertet werden in dem vorliegenden System die künstlerischen Produkte. Ansonsten sollen aber alle Prozesse, die zu einem Unternehmen der Kulturvermittlung gehören, ganzheitlich und möglichst von allen Seiten betrachtet werden.

Nach eingehender Analyse wurde das vorliegende System in Anlehnung an das Balanced Score Card Modell entwickelt. Das Balanced Score Card Modell wurde hierbei so adaptiert, dass das System zum Einen für den Kulturbereich einsetzbar wird und zum Anderen, dass es die Vorgaben des Evaluationssystems erfüllt.

Das Balanced Score Card System ist ein Weg, um einen umfassenden Blick auf eine Organisation zu werfen und bei der Steuerung des Unternehmens (-erfolges) alle steuerungsrelevanten Bereiche im Blick und das Unternehmen so in einem Gleichgewicht zu halten. Die Balanced Score Card wird im wesentlichen genutzt, um die Strategie eines Unternehmens in der Steuerung umzusetzen. Als Indikatoren dienen nicht nur quantitative Kennzahlen, sondern auch die schwerer messbaren qualitativen Faktoren. Das System der Balanced Score Card schaut dabei auf vier verschiedene Seiten. Üblicherweise handelt es sich dabei um die folgenden:

- Perspektive der Kunden: Zufriedenheit, Marktanteile, Image

- Perspektive der Finanzen: Einkommen, Neue Finanzierungsquellen, Liquidität

- Interne Arbeitsprozesse: Innovation, interne Optimierung von Prozessen

- Lernen und Wachsen: Personal, Mitarbeiterzufriedenheit, Personalentwicklung

    Dieses System wurde als Basis für die Entwicklung der Evaluationsmethode genutzt.

DIE VIER BAUSTEINE

Leistung und Wirkung	Interne Potentiale
Evaluationsthemenfelder • Besucher • Freundeskreise • Überregionale Resonanz • Kooperationspartner	**Evaluationsthemenfelder** • Personalentwicklung und Qualifizierung • Arbeitsmittel • Modernität der Infrastruktur
Strategische Steuerung und Ziele	Wirtschaftliche Steuerung
Evaluationsthemenfelder • Organisations-, Ziel- und Strategieentwicklung • Führungsinstrumente • Programmplanung	**Evaluationsthemenfelder** • Systematisches Controllingsystem • Systematisches Marketingmanagement (Allgemein, Produkt, Preis und Distribution, Kommunikation)

Angelehnt an das beschriebene Balanced Score Card System wurden vier Bereiche ausgewählt, die die Prozesse in Kulturinstitutionen möglichst ganzheitlich betrachten:

Baustein Leistung und Wirkung

Dieser Baustein betrachtet alle die Themenfelder, die sich mit den Leistungen der Institution beschäftigen und deren Wirkung. Welche Prozesse/Instrumente nutzt die Einrichtung, um ihre Leistung und Wirkung z.B. aus Sicht der Nutzer oder Partner systematisch zu reflektieren und ggf. weiter zu entwickeln?

Besucher

Im Themenfeld Besucher geht es zum Beispiel um die Frage der Besucherkenntnisse. Hierbei wird nicht nur abgefragt, ob und wie Besucherforschung betrieben wird, sondern ob diese Forschung ausreichend analysiert wird, die Analyse in Handlungsempfehlungen mündet und diese Handlungsempfehlungen dann tatsächlich nachhaltig umgesetzt werden.

Freundeskreise

Ähnliches wird in Bezug auf Freundeskreise abgefragt, hier geht es um die Aufwand /Nutzenrelation, die Vernetzung mit dem Freundeskreis.

Überregionale Resonanz

Die beiden Themenbereiche überregionale Resonanz und Kooperationspartner sind die einzigen Punkte, in denen indirekt Fragen zur künstlerischen Wirkung gestellt werden. Hier wird angesprochen, in wiefern die Institution im jeweiligen Referenzsystem wahrgenommen wird. Presseresonanz, Wettbewerbe, Preise, Einladungen zu Festivals sind Thema bei der überregionalen Resonanz.

Kooperationen

Hier geht es um Kooperationen auf inhaltlicher, genreübergreifender oder aber finanzieller Ebene und inwiefern diese kontinuierlich und nachhaltig aufgebaut und gepflegt werden.

Baustein interne Potentiale

Mit internen Potentialen sind in diesem System die Bereiche Personalentwicklung- und -qualifizierung, Arbeitsmittel und Modernität der Infrastruktur gemeint. Welche Prozesse/Instrumente nutzt die Einrichtung, um den Status des eigen Personalstandes systematisch zu reflektieren und z.B. Kompetenz und Motivation der Mitarbeiter systematisch weiter zu entwickeln?

Personalentwicklung- und qualifizierung

Bei der Personalentwicklung- und qualifizierung geht es um ein Thema, dass gerade in Kulturinstitutionen oftmals vernachlässigt wird. Wenige Institutionen haben ein festgeschriebenes Budget für Weiterbildung, wenige Führungskräfte nur wissen um das Potential ihrer Mitarbeiter und auch deren Bedarfe. Zielgerichtete Weiterbildungspläne zur Verbesserung der Qualifizierung des Personals sind die Ausnahme und werden doch in Zukunft für die Kulturinstitutionen eine wichtige Voraussetzung in Bezug auf Wettbewerbsfähigkeit darstellen.

Arbeitsmittel

Es geht um die Ausstattung der Institution mit den notwendigen Arbeitsmitteln, die für eine effiziente und wirkungsvolle Arbeit nötig sind. Dinge, die manchmal für selbstverständlich angesehen werden wie die ausreichende Ausstattung der EDV in Bezug auf Hardware und Software, aber auch sonstige Arbeitsressourcen werden abgefragt und der Umgang mit ihnen evaluiert.

Baustein wirtschaftliche Steuerung

In diesem Baustein geht es um die Instrumente, die den Kulturinstitutionen zur wirtschaftlichen Steuerung zur Verfügung stehen. Welche Prozesse/Instrumente nutzt die Einrichtung, um den wirtschaftlichen Status sowie Chancen und Risiken der zukünftigen Entwicklung systematisch zu reflektieren und in diesem Sinne die Einrichtung weiter zu entwickeln?

Systematisches Controllingsystem

Hier werden keine Zahlen aus dem Controlling erfragt, sondern das Vorhandensein, Art und Qualität eines kontinuierlichen und nachhaltigen Controllings und dessen Einsatz in der Institution.

Systematisches Marketingmanagement

Das Marketingmanagement ist ein starkes systematisches Instrument, um die wirtschaftlichen Belange der Institution zu beeinflussen. Hier wird vor allem auf die strategische Ausrichtung eingegangen. Welche Maßnahmen gibt es um die Produkte zu diversifizieren, welche Distributionsmöglichkeiten werden genutzt, gibt es eine Kommunikationsstrategie, in wieweit besteht eine strukturiert kalkulierte Preispolitik. Ein weiterer Schwerpunkt liegt darauf zu prüfen, in wieweit die Marketingstrategie in Absprache und Kommunikation zwischen künstlerischer und wirtschaftlicher Leitung erfolgt.

Baustein Strategische Steuerung und Ziele

Der Baustein widmet sich der Strategieentwicklung, aber auch dem äußerst wichtigen Thema der Führung und im weitesten Sinne der Programmplanung. Welche Prozesse/Instrumente nutzt die Einrichtung, um die eigenen Ziele und deren Verfolgung durch das eigene Personal sowie die Umsetzung in Programme systematisch zu reflektieren und diesbezüglich die Einrichtung weiter zu entwickeln?

Organisations-, Ziel- und Strategieentwicklung

Die Entwicklung von Zielen und Strategien folgt aus der Setzung von Leitbildern und strategischen Ziele. Wohin soll die Entwicklung der Institution in den kommenden Jahren führen? Welche Ziele will die Institution erreichen? Gibt es dafür Maßnahmen und Aktivitäten, die geplant, durchgeführt und überprüft werden?

Führungsinstrumente

Das Thema Führung ist in Kulturinstitutionen oftmals ein vernachlässigtes Feld, gerade wenn es um Führungsinstrumente geht, die eingesetzt werden können, um die Qualität der Führung zu messen und zu verändern. U.a. geht es z.B. um das Vorhandensein von strukturierten internen Kommunikationsinstrumenten.

Programmplanung

Es geht in diesem Fragebogen nicht um die Ausgestaltung der künstlerischen Programmplanung, sondern um die Nachhaltigkeit der Programmplanung und der Vernetzung mit den Bereichen der Besucherforschung, Marketing und Zielgruppen. Es geht um die Langfristigkeit der Planung und der strategischen Ausrichtung, um langfristig gesetzte Ziele zu erreichen.

WIE SIND DIE FRAGEBÖGEN GESTALTET?

Wie bereits oben ausgeführt wurde für jedes dieser Themenfelder der vier Bausteine ein Fragebogen erarbeitet, der aus jeweils bis zu 20 Fragen besteht. Entscheidend für die Qualität der abgefragten Antworten ist, dass die Fragen leicht verständlich und eindeutig zu beantworten sind. Die Beantwortbarkeit der Fragen muss auch aus einem anderen Grund so leicht wie möglich gemacht werden: die Akzeptanz des Verfahrens durch die evaluierte Einrichtung und damit die Bereitschaft zur Mitarbeit wächst, je weniger Aufwand für das Zusammenstellen evaluationsrelevanter Information entsteht. Wir haben uns deshalb entschieden, größtenteils geschlossene Fragen im multiple choice Modus zu stellen, die im wesentlichen mit ja/nein zu beantworten sind. Damit wird der Zeitaufwand zur Beantwortung so klein wie möglich gehalten.

Die Fragebögen haben drei Fragetiefen: Bestandsaufnahme, Qualität des Prozesses und Nachhaltigkeit des Prozesses:

Bestandsaufnahme	Quantitative/ qualitative Bewertung	Nachhaltigkeit
Hier wird im wesentlichen abgefragt, ob bestimmte Prozesse überhaupt und systematisch (anstatt nur punktuell/ zufällig) durchgeführt werden.	Hier werden Kontrollfragen zur Qualität der Prozesse und ihrer Ergebnisse gestellt.	Hier wird eruiert, wie Prozesse nachhaltig und ganzheitlich in die Organisation integriert werden und somit ihre Wirkung so breit wie möglich entfalten können.

Die Fragebögen werden an die Leitung der Institutionen adressiert – allerdings können die Fragebögen einzelner Schwerpunkte in größeren Institutionen an die jeweiligen Abteilungsleiter gegeben werden. Die Antworten müssen aber von der Leitung der Institution verantwortet werden, denn mit ihr sollen im wesentlichen auch die Ergebnisse erörtert werden.

Hier sind ein paar Beispielfragen aus dem Verfahren:

Besucher Feedback		
Bestandsaufnahme	**Quantitative/ qualitative Bewertung**	**Nachhaltigkeit**
2) In welchen Abständen führen Sie Besucherbefragungen durch? ☐ Wir führen keine Besucherbefragungen durch ☐ Einmalig in der Vergangenheit– ist auf Weiteres nicht noch einmal geplant ☐ Alle 2-3 Jahre ☐ Einmal pro Jahr ☐ Zweimal pro Jahr ☐ Laufende Besucherbefragung ☐ Sonstiges:_____	**2 a) Wie hoch war die Zahl der befragten Besucher in den vergangenen Jahren?** 2005:_____ ☐ weiß nicht 2004:_____ ☐ weiß nicht 2003:_____ ☐ weiß nicht	
	2 b) Inwiefern werden die Daten Ihrer Befragungen analysiert? (Mehrfachnennung möglich) ☐ Es gibt eine teilweise schriftliche Auszählung ☐ Vollständige schriftliche Auszählung ☐ Zielgruppenspezifische Auswertung ☐ Bildung von zusätzlichen Korrelationen zwischen verschiedenen Ergebnissen ☐ Sonstiges:_____ *Bitte legen Sie die Auswertung der letzen Befragung mit bei*	**2 bb) Inwiefern werden die Mitarbeiter von den Ergebnissen in Kenntnis gesetzt?** ☐ Nur die Leitungsebene erhält die Ergebnisse ☐ Alle Mitarbeitern erhalten alle Ergebnisse ☐ Die betroffenen Mitarbeiter erhalten die Ergebnisse Ihres Bereiches ☐ Alle Mitarbeiter erhalten die wesentlichen Ergebnisse
5) Gibt es Frequenzanalysen, wie sich die Besucherströme in Ihrem Hause verteilen (z.B. auf Wochentage bzw. Uhrzeiten)? ☐ Ja ☐ Nein *Bitte Ergebnisse beilegen*	**5a) Wie oft werden diese Frequenzanalysen durchgeführt?** ☐ Gar nicht ☐ Einmalig in der Vergangenheit – ist auf Weiteres nicht noch mal geplant ☐ Alle 2-3 Jahre ☐ Einmal pro Jahr ☐ Zweimal pro Jahr ☐ Laufend ☐ Sonstiges:_____	
	5 b) Werden die Ergebnisse der Auswertungen umgesetzt (z.B. in Bezug auf Öffnungszeiten oder Personaleinsatz)? ☐ Ja ☐ Nein ☐ Zum Teil	*5 bb) Bitte beschreiben Sie , inwiefern die Ergebnisse der Auswertungen der Frequenzanalysen umgesetzt werden: (ggf anhand von Beispielen)* _____

Kooperationen

Bestandsaufnahme	Quantitative/ qualitative Bewertung	Nachhaltigkeit
3) Mit welchen Partnern aus Ihrem räumlichen Umfeld gibt es bestehende Kooperationen in Bezug auf spezielle *Programmangebote*? (Mehrfachnennung möglich) Mit **Kindergärten** ☐ einmalig ☐ zeitlich beschränkt (Projekte) ☐ langfristig ☐ keine Mit **Migrantenspezifischen Organisationen** ☐ einmalig ☐ zeitlich beschränkt (Projekte) ☐ langfristig ☐ keine	3a) Haben Sie bei den *langfristigen* künstlerischen Kooperationen gegenseitige schriftliche Ziele vereinbart? ☐ Ja ☐ Nein ☐ Nur bei Einigen	
	3b) Gibt es Indikatoren (z.B. erhöhte Anzahl der Schüler als Besucher), die die Zielerreichung dieser programmpolitischen Kooperationen messen? ☐ Ja ☐ Nein	
	3c) Gibt es eine Analyse und Auswertung des Ablaufes und der Ergebnisse der langfristigen Kooperationen in diesem Bereich? ☐ Ja ☐ Nein	3cc) Wenn ja, in welcher Form findet diese Auswertung statt? (Mehrfachnennung möglich) ☐ Internes Feedbackgespräch ☐ Feedbackgespräch zusammen mit dem Partner ☐ Schriftliche Auswertung ☐ Sonstiges: _____
7) Lassen Sie Ihre Einrichtung von Experten / peer groups evaluieren? ☐ Ja ☐ Nein Wenn ja, welche Bereiche: _____	7a) Wenn ja, wie regelmäßig machen Sie das? ☐ Alle 5 Jahre ☐ Alle 2-3 Jahre ☐ Jedes Jahr	

CHANCEN UND SCHWIERIGKEITEN

Das vorliegende System ist auf der einen Seite so modular auf einander aufbauend, dass es für jeden einfach zu durchschauen ist. Andererseits ist das System durch den Wunsch, die Institution ganzheitlich zu betrachten, relativ umfangreich geworden.

Folgende **Voraussetzungen** müssen gegeben sein, damit das vorliegende System erfolgreich sein kann:

- Alle Beteiligten müssen ein echtes Interesse an höchstmöglicher Wirkungsorientierung und entsprechenden Ergebnissen des Einrichtungshandelns haben. Dies gilt auch für die politischen Entscheider auf der Zuwendungsgeberseite, ohne deren Unterstützung im Kulturbetrieb wenig Durchsetzungschance für systematische Evaluierungsverfahren besteht. Auch auf Seiten der Einrichtungsleitung muss ein entsprechendes Interesse an Wirkungsorientierung und Weiterentwicklung vorliegen (eigentlich eine Selbstverständlichkeit), um die Fragen möglichst realistisch zu beantworten.

- Die Fragebögen müssen in ihrer Modularität an die Erfordernisse der zu evaluierenden Organisation hin angepasst werden.

- Die Fragebögen müssen in der Beziehung zwischen Verwaltung und Institution als Grundlage gesehen werden für jährliche persönliche Jahresgespräche, bei denen die Antworten auf die Fragen hinterfragt werden, und die weiterführenden Implikationen behandelt werden. Nicht zuletzt sollten auf dieser Basis neue Zielvereinbarungen vereinbart werden, um Weiterentwicklungen verbindlich und zugleich sichtbar zu machen.

Als **Chancen** können folgende Aspekte angeführt werden:

- Das vorliegende System kann auf jedes Genre angesetzt werden – gegebenenfalls müssen je nach Genre gewissen Anpassungen vorgenommen werden.

- Der Baukasten ist dabei ein ausgezeichnetes System, mit dem sich die Institution selbst einschätzen lernt. Dabei ist der Baukasten auch selber weiter veränderbar und individuell für Einrichtungen und andere Betrachtungsperspektiven anzupassen.

- Die Methodik der Fragebögen ist äußerst einfach zu erfassen und umzusetzen.

- Die Verwaltung (als Zuwendungsgeber) kann auf Basis der Evaluationsmethode ihre Aufgabe eines „Steuern auf Abstands" wesentlich qualifizierter und in einem strukturierten Dialog mit der Einrichtung wahrnehmen.

- Die Chance liegt in der Zielfindung für die weitere Einrichtungsentwicklung, die die Verwaltung zusammen mit der Institution bei den persönlichen Auswertungsgesprächen erarbeitet. Das wiederum bedeutet, dass es zunächst keine einheitlichen Kriterien gibt, anhand dessen die Institution im Vergleich zu den anderen Institutionen gemessen werden kann. Je nachdem, wie mit dem System gearbeitet werden soll, besteht die Möglichkeit, gemeinsame Erwartungshaltungen zu definieren, die als Grundlage für die weitere Entwicklungen gelten können. Dieses Verfahren wird den Besonderheiten des Kulturbetriebs und seiner meist recht eigenständig agierenden Institutionen gerecht, wird allerdings möglicherweise auch bei dem einen oder anderen, der sich insgeheim mathematisch genaue Evaluationsergebnisse zur Bewertung von Einrichtungen erhofft, Enttäuschung auslösen.

Folgende Aspekte können als **Schwierigkeiten** des Systems erkannt werden:

- Die Auswertung der Fragebögen ist eine Herausforderung für die Verwaltung. Sie setzt voraus, dass die Mitarbeiter in der Verwaltung die Kompetenz besitzen, die ganzheitlichen Fragen in ihrem Kontext zu verstehen und Schlussfolgerungen für Fragen der Einrichtungsentwicklung aus den Antworten zu thematisieren. Da die Evaluation nicht an direkte Förderentscheidungen gekoppelt ist und wir hierbei keine quantitativen Kennzahlen und deren Zielerreichung abprüfen, gibt es am Ende der Evaluation auch keine Note oder Punktzahl, die erkennen lässt, ob das Ziel erreicht oder verfehlt wurde. Diskutiert werden müssen also Entwicklungsprozesse und -strategien. Dies erfordert eine Art von Beraterkompetenz, welche über die bislang in Verwaltungen geforderte Kompetenz hinausgehen kann.

- Mangelndes Interesse politischer Entscheidungsträger und von Einrichtungsleitungen an systematischer Wirkungsorientierung in der Arbeit geförderter Einrichtungen kann dazu führen, dass ein Evaluationsverfahren nur halbherzig durchgeführt und Erkenntnisse nicht in Entwicklungsprozesse umgesetzt werden. Für diesen Fall empfiehlt es sich, mit der Durchführung von Evaluation zu warten, bis sich eine andere Konstellation ergibt.

AUSBLICK

Das vorliegende Evaluationssystem ist eine erste Möglichkeit, Prozesse in Kulturinstitutionen kontinuierlich und nachhaltig zu analysieren und zu entwickeln. Dieses System ermöglicht es den Zuwendungsgebern und den Zuwendungsempfängern im Miteinander Optimierungen für Fragen der Positionierung und institutionsinterne Prozesse zu vereinbaren.

Auch für die Leitung der Institutionen selbst kann dieses Instrument eine Möglichkeit sein, Prozesse zu steuern und zu verbessern.

Je nachdem, für welchen Zweck das System angepasst wird, können neue Kriterien entwickelt werden, die wiederum zu anderen Auswertungen und Auswirkungen führen können.

EIN UNMÖGLICHER AUFTRAG - EVALUATION ALS RES PUBLICA

Hermann Voesgen[13]

„So sollte man es nicht machen", ließe sich dieser Beitrag auch überschreiben. Angesichts der in diesem Band versammelten systematischen Konzepte und Beispiele scheint der Potsdamer Versuch, Kultureinrichtungen zu bewerten, eher aus der Schmuddelecke naturwüchsigen Geschehens zu kommen. Wesentliche der von der Deutschen Gesellschaft für Evaluation entwickelten Standards (Stockmann 2004) werden nicht beachtet, und die von Reinhard Richter (2006 und in diesem Band) dargestellten Prinzipien strategischer Kulturarbeit werden missachtet. Ich möchte jedoch zu bedenken geben, dass die Potsdamer Bedingungen eher kommunaler Regelfall sind und die Unwägbarkeiten kommunaler Politik bei den Bewertungsprozessen von Kulturarbeit in Rechnung gestellt werden müssen.

Politische Haltungen und Entscheidungen sind nur zum Teil von zweckrationalem Handeln geprägt, daneben spielen Weltanschauungen, Bindungen, Konkurrenz, Profilierungsstreben usw. eine Rolle.

Entsprechend den Standards für angemessene Evaluationen ist es deshalb notwendig, Distanz zu dem ungeordneten politischen Alltag zu halten. Mit der Rationalität der, vom politischen Geschehen abgegrenzten, Evaluationsprozesse wird (so der Anspruch) eine sachliche Ebene geschaffen, der sich die Politik nicht entziehen kann. Ob das gelingt ist umstritten, während der Tagung kulminierten die Zweifel in einer Frage an die Referenten "Wann hat bei Ihnen eine Evaluation Einfluss auf die politischen Entscheidungen gehabt?"

POTSDAMER VERHÄLTNISSE

Nach der Wende gründeten sich eine Reihe von freien Trägern der Kulturarbeit, teilweise aus vorherigen DDR-Einrichtungen, in der Mehrheit aber Neugründungen. Die Akteure in diesen Einrichtungen empfinden sich als wesentliche Träger des kulturellen Aufbruches und somit im Zentrum des Potsdamer Kulturlebens. Dazu gehört noch ein Stadttheater mit einem spektakulären Neu-

---

[13] Professor Dr. Hermann Voesgen, Diplom-Sozialwissenschaftler, ist Leiter des Studiengangs Kulturarbeit an der Fachhochschule Potsdam und Präsident von ENCATC (European Network of Cultural Administration Training Centres, mit Sitz in Brüssel).

bau, ein Kammerorchester, ein Konzertsaal mit den Musikfestspielen. Alle drei sind als städtische GmbHs organisiert. Zu nennen sind noch das Stadtmuseum und eine Stadt- und Landesbibliothek.

Potsdam ist eine wachsende Stadt, jedes Jahr kommen mehrere Tausend vorwiegend gut verdienende Bürger hinzu. „Die Reichen, Schönen und Mächtigen des Landes haben sich hier die größten Villen und die schönsten Grundstücke gesichert" (Der Spiegel, 40/07).

In den 90er Jahren wurde eine (zeitlich befristete) Stelle eingerichtet, um eine systematische Kulturentwicklungsplanung zu betreiben. Die daraus entstandenen Konzepte griff die Politik nur partiell auf. Man übernahm die Empfehlung einer mehrjährigen Förderungsperiode für die freien Träger.1999 beschloss das Stadtparlament eine dreijährige Förderung für neun Einrichtungen. Außerdem berief die Kulturverwaltung einen Beirat aus Vertretern von Kultureinrichtungen, der die Förderung fachlich begleitete und Empfehlungen für eine ebenfalls eingerichtete Projektförderung abgab.

Nach Auslaufen des Förderzeitraumes wurde die Förderpraxis ab 2001 immer wieder fortgeschrieben, obwohl der Beirat alle Jahre wieder die Fragwürdigkeit dieses Vorgehens kritisierte: Die Fortsetzung der Förderung war nicht durch einen Beschluss des Stadtparlamentes legitimiert, die Wirksamkeit der bisherigen Unterstützungen wurde nicht bewertet und andere freie Träger hatten keine Chance, in die Förderung aufgenommen zu werden. Die Akteure waren sich darin einig, dass Bewertungskriterien für ein neues Auswahlverfahren entwickelt werden mussten. Da der Beirat zur Hälfte aus Mitarbeitern der geförderten Einrichtungen bestand, war von dieser Seite keine Unterstützung möglich. Die Verwaltung sah sich aus personellen Gründen nicht in der Lage, initiativ zu werden. Ein beauftragter Gutachachter (Thomas Strittmatter) analysierte treffend die Probleme der Förderpraxis und machte nützliche Vorschläge. Er schloss aber eine Einzelbewertung der freien Träger aus.

Was tun? Um diese Blockade zu durchbrechen, legte ich als Vorsitzender des Beirats Kriterien für die Bewertung vor. Nachdem diese auf Zustimmung stießen, erklärte ich mich bereit, in meiner Rolle als Hochschullehrer die Bewertung der freien Träger vorzunehmen. Mit einer bescheidenen Zuwendung der Stadt konnte ich zwei Absolventinnen des Studienganges Kulturarbeit (Maike Pagel und Catherine Voigt) für die Mitarbeit gewinnen. Die Bewertung wurde zwischen September 2005 und März 2006 durchgeführt.

Der Auftrag bewegte sich in der Logik eines Krisenmanagements. Es gab kein Leitbild, keine strategischen Ziele für die Kulturpolitik in Potsdam, somit auch keine Grundlage für die Bewertung kultureller Praxis. Die Bewertung wurde außerdem auf die freien Träger begrenzt, die sich um städtische Förderung bewarben. Es ging um eine Fördersumme von 877.000 €, bei einem Gesamtetat für Kultur von circa 9 Mio. €. Es wurde also gar nicht versucht, die freie Kulturarbeit im Zusammenhang mit der Potsdamer Kulturpolitik insgesamt zu beurteilen. Von Seiten der Kulturpolitik und der Verwaltung ging es nur darum, kurzfristig ein nicht mehr aufschiebbares Problem zu lösen: Wie sollen wir im nächsten Jahr die Mittel für die freien Träger verteilen? Weitergehende Überlegungen oder gar die Einbindung in eine Kulturentwicklungsplanung waren damit nicht verbunden. Daher waren für eine Evaluation auch keine Mittel vorgesehen, sie wurden „irgendwie abzweigt". Die Auftragsvergabe erfolgte unter der Hand und als Entgegenkommen des Auftragnehmers. Somit hatte man das Problem erst mal „vom Tisch" und jemand übernahm die unangenehme Aufgabe.

Damit ist ein weiterer Verstoß gegen die Regeln einer guten Evaluation angesprochen. Die Neutralität des Gutachters ist nicht eindeutig. Er ist einerseits zwar als Hochschullehrer für Projektarbeit fachlich legitimiert und relativ unabhängig, andererseits jedoch seit Jahren in die Förderpolitik der Stadt involviert.

Diese Unklarheiten stehen im Kontrast zur weitgehenden Festlegung der Kulturförderung durch Entscheidungen der letzten Jahre: Neben der Gründung eines Kammerorchesters, des Baues eines Konzertsaales, eines „Hauses für Brandenburgisch-Preußische Geschichte" (gemeinsam mit dem Land) lag und liegt der Schwerpunkt der Kulturförderung bei dem „Zentrum für Kunst und Soziokultur" auf einem ehemaligen Industrie- und Militärgelände. Es ist ein bemerkenswerter Mix aus kulturwirtschaftlichen Einrichtungen: ORACLE und VW-Design-Center, freie Kultureinrichtungen (von denen die Entwicklung dieses Ortes ausging) und öffentlichen Kultureinrichtungen. Zu letzteren gehört insbesondere das Stadttheater, für das ein architektonisch ausgefallenes Gebäude errichtet wurde. Drei der bisher geförderten freien Träger, die auch Anträge für weitere Förderung stellten, sind Teil des Zentrums für Kunst und Soziokultur. Mit den drei Trägern hatte die Stadt, in Zusammenhang mit einer EU-Förderung, einen fünfjährigen Fördervertrag abgeschlossen. Davon waren zum Zeitpunkt der Auftragsvergabe erst zwei Jahr abgelaufen. Somit bestand eine ungleiche Situation für die Antragsteller, eine negative Bewertung der drei Einrichtungen hätte das Finanzierungsgerüst für den Kulturstandort erschüttert.

Mit den genannten Einschränkungen waren die Betriebskostenzuschüsse, neben der Projektförderung, der einzige relevante Haushaltstitel, der verfügbar und damit entscheidbar war.

"If you don't know where to go, any road will take you there" (Alice in Wonderland).

Es gab also genug Gründe, diesen Auftrag abzulehnen, um nicht (überspitzt gesagt) als Lückenbüßer für eine Kulturpolitik zu dienen, die ohne Bedenken Fakten schafft und sich einen Reparaturservice hält.

Für die Entscheidung, es doch zu machen waren zwei Gründe ausschlaggebend:

POTSDAM IST ÜBERALL

Die Kulturförderung war in einer Krise und damit bot sich die Chance, die Routine des Durchwurstelns (muddling through) zu durchbrechen. Potsdam hatte bereits vor einigen Jahren den Versuch einer ambitionierten Kulturentwicklungsplanung unternommen. Trotz eines kompetenten Bearbeiters und zahlreicher Konzepte verlief das Vorhaben im Sande. Es gab keinen unmittelbaren Handlungsdruck. Man hätte in Potsdam lange warten können, bis es zu einer systematischen Kulturplanung gekommen wäre. Bei außergewöhnlichen Herausforderungen, wie der Bewerbung als Kulturhauptstadt (Richter 2006), besteht die Chance von umfassender Infragestellung und Neuausrichtung der kulturpolitischen Praxis. Ansonsten muss man den „Spatzen auf den Dach" nehmen, d.h. offene Flanken für Interventionen nutzen. Mit der Erarbeitung von Förderkriterien war das Tor für eine weitergehende Thematisierung der Kulturförderung geöffnet.

Die beschriebenen Konstellationen sind für deutsche Städte nicht ungewöhnlich. In den Diskussionen zur Evaluation im Kulturbereich wird die beschriebe Tendenz zum Durchwursteln gerade als Beleg für die Notwendigkeit gesehen, systematische Steuerungsprozesse zu installieren. Dadurch könnten Beiträge entstehen, denen die Politik dann nicht mehr ausweichen kann.

Reinhart Richter (2006) weist darauf hin, dass es in der Kommunalpolitik oft nicht möglich ist, zwischen strategischen Zielen (Was?) der Politik und operationalen Zielen (Wie?) der Verwaltung zu trennen. Um dafür eine Balance zu finden, seien fortlaufende Lern- und Aushandlungsprozesse notwendig. Evaluation kann sich nicht, so meine These, aus dem Getümmel der kommunalen Bedingtheiten heraushalten, sie muss vielmehr mit qualifizierten Verfahren in die Kulturpolitik intervenieren. Auch fachlich abgesicherte, schlüssige Evaluationen sind nicht vor Missbrauch durch das politische System gefeit – indem Evaluationsergebnisse willkürlich benutzt, komplexe Argumentationen vereinfacht oder Befunde negiert werden. Die Übersetzung in das System Politik muss fortlaufend und nicht erst mit dem fertigen Bericht erfolgen; ansonsten drohen die Steuerungskompetenzen der Evaluatoren ins Leere zu laufen.

RES PUBLICA

In der Kommune handeln die Bürger ihre Angelegenheiten aus, im Streit, im Überzeugen und im Kompromiss. Als in den 70er Jahren die „Neue Kulturpolitik" antrat, wurde über die Aufgaben der kommunalen Kulturpolitik leidenschaftlich gestritten. Mit großem Erfolg für die Protagonisten der Erneuerung - die Bereiche der kommunalen Kulturförderung wurden erweitert. Damit einher gingen Erhöhungen der Budgets, neue Räume für Kultur und zusätzliche Stellen.

Die Kämpfe, für oder gegen eine Neue Kulturpolitik, sind inzwischen Geschichte. An die Stelle von öffentlichen Kontroversen trat vielfältige Gleichgültigkeit. Das ist eine ambivalente Entwicklung, weil damit zum einen die Anerkennung nicht hierarchischer Vielfalt verbunden ist, gleichzeitig aber auch eine „jeder macht sein Ding" Haltung. Solange die Kulturausgaben wuchsen oder zumindest stabil blieben, konnte das unentschiedene Nebeneinander durchgehalten werden. Diese komfortablen Bedingungen werden inzwischen von ungemütlichen Zumutungen überlagert: Einschränken der öffentlichen Budgets, Fragen nach den gesellschaftlichen Funktionen von Kulturprojekten und der Kampf um das knappe Gut Aufmerksamkeit. Diskussionen über das, was aus öffentlichen Mitteln gefördert werden soll, stehen auf der Tagesordnung. Entscheidungen über Prioritäten der Kulturpolitik müssen getroffen werden.

Sie finden aber kaum in den Gremien der Politik statt, sondern werden in Expertenrunden und Evaluationsprojekten organisiert. Auf Grund des Mangels an geteilten Werten sehen sich Kulturpolitiker in den Parlamenten und Dezernaten nicht mehr in der Lage, die kulturellen Praktiken zu bewerten. Die Künstler und Kulturarbeiter haben sich in ihren Netzen eingerichtet und interne Relevanzsysteme aufgebaut. In Potsdam gab es in den letzten Jahren leidenschaftliche Debatten um Fragen der Stadtgestaltung, wie den Wiederaufbau des Stadtschlosses, aber kaum öffentliche Auseinandersetzung über die Arbeit der Kulturträger.

Evaluationen dienen zunehmend als Ersatzversicherung für die mangelnde Klarheit darüber, was einer Kommune in Bezug auf Vergangenheit, Gegenwart und Zukunft wichtig ist. Die beruhigende Botschaft der Evaluatoren lautet, wir bieten ein Instrumentarium, um Prozesse der Meinungsbildung, Bewertung und Entscheidung zu steuern. Daraus können sachlich und emotional belastbare Lösungen gewonnen werden. Das geschieht vor allem durch Zerlegung von Problemen, für die man immanente Lösungen sucht, die dann, für ihren jeweiligen Bereich legitimiert und in kulturpolitische Zusammenhänge gestellt werden können. Die Zerlegung kann durch die Eingrenzung auf Fachgebiete erfolgen. Dann streiten und entscheiden die Spezialisten der Genres, und nur die Ergebnisse fließen in den Willensbildungsprozess ein. Oder es werden Querschnittsthemen vorgegeben, die auf Grund ihrer Komplexität nur von einer interdisziplinären Expertengruppe sachgerecht abgehandelt werden können.

Mit dem Paukenschlag einer öffentlichen Bewertung von Kultureinrichtungen wollten wir das Laufrad aus Selbstbezug und Gleichgültigkeit durchbrechen. Ziel unseres Bewertungsprozesses war es, Kulturpolitik wieder zu einer öffentlichen Angelegenheit zu machen, in der die verantwortungsbewussten Dilettanten/Bürger sich einmischen.

DIE DURCHFÜHRUNG

Im Rahmen einer Ausschreibung des Fachbereiches Kultur und Museum bewarben sich 20 Kultureinrichtungen um einen Betriebkostenzuschuss.

Drei Antragsteller schieden aus formalen Gründen aus. Die verbliebenen 17 Einrichtungen wurden in einem vierstufigen Verfahren bewertet. Den Beteiligten erläuterten wir das Vorhaben in einem Informationsschreiben (Voesgen 2006):

Die Evaluation erfolgt in vier Schritten:
- *Zunächst nehmen die Antragsteller auf Grundlage des beiliegenden Fragebogens eine Eigenevaluation vor. Diese Positionierung ist der Ausgangspunkt für die weiteren Bewertungsschritte.*
- *Im zweiten Schritt werden die Angaben von dem Evaluationsteam analysiert. Dabei sind folgende Fragen wesentlich: Ist die Einrichtung in der Lage, ihre Ziele und ihre Beiträge zum kulturellen Leben darzustellen? Haben die Akteure eigene Maßstäbe für ihr Handeln? Stimmen die Aussagen mit den quantitativen Fakten überein? Stimmen Eigen- und Fremdwahrnehmung (z.B. durch Presse, Kollegen und andere Fachleute) überein?*
- *Daran schließen sich Gespräche der Evaluatoren mit Vertretern der Einrichtungen an. Die Bewertungen aus der zweiten Phase werden mit den Akteuren besprochen. Sie erhalten so die Möglichkeit, auf Wahrnehmungen und Bewertungen zu reagieren sowie ihre Position weiterzuentwickeln. Die Evaluation ist somit weniger als Prüfung und Kontrolle gedacht, vielmehr als ein Klärungsprozess für die Einrichtungen und die Stadt als Fördernde.*
- *Der Prozess wird durch einen Bericht abgeschlossen, der alle untersuchten Einrichtungen entlang einer SWOT-Analyse darstellt und Förderempfehlungen abgibt. In dem folgenden Diskurs zwischen Politik, Verwaltung und kultureller Öffentlichkeit müssen sich die Vorschläge dann bewähren.*

Die Bewerber erhielten einen quantitativen und einen qualitativen Fragebogen. Der quantitative Fragebogen wurde vom FB Kultur und Museum entwickelt und ausgewertet. Er war nicht ausschlaggebend für die Bewertung der Einrichtungen, diente vielmehr als Hintergrundmaterial, um die qualitativen Aussagen mit den Grunddaten der Einrichtungen abzugleichen.

Den qualitative Fragebogen erarbeitete das Evaluatorenteam der Fachhochschule. Die dafür entwickelten Bewertungskriterien bildeten das Gerüst für den gesamten Evaluationsprozess.

Qualitativer Fragebogen, Kurzform *(die ausführliche Version in Voesgen 2006 und auf der Homepage des Studiengangs Kulturarbeit unter http://forge.fh-potsdam.de/~Kultur/Briefe/EVA_FT_PD_QF_150805.pdf)*

0. Einstieg
1. Ziele der Einrichtung
2. Beitrag zum kulturellen Leben
3. Entwicklungsmöglichkeiten und Perspektiven

I. Künstlerische Kriterien
1. Professionalität
2. Kulturelles Erbe
3. Innovation

II. Aktivierung
1. Kulturvermittlung
2. Soziale Integration
3. Foren für gesellschaftliche Entwicklung

III. Stadtmarketing
1. Kulturelle Vielfalt
2. Alleinstellungsmerkmale
3. Selbstdarstellung
4. Tourismus

IV. Management
1. Organisation: Effektivität der Abläufe, Mittel- und Personaleinsätze.
2. Finanzen: transparente Kostenplanung, Mittelverwendung und Abrechnung.
3. Öffentlichkeitsarbeit: Maßnahmen, potentielle Besucher zu informieren, um sie zu werben und sie zu betreuen.

V. Zu guter Letzt
Was haben wir vergessen und was ist Ihnen noch wichtig?

In einem Anschreiben wurde der Charakter der Selbstevaluation hervorgehoben. Die Daten sollten jeweils nach den Schwerpunkten der Einrichtungen ausführlich oder knapp beantwortet werden, Fragen konnten zusammengefasst oder ergänzt werden. Es sollte ein Portrait der Einrichtung entstehen und gerade nicht ein durch Kennzahlen vergleichbares Indikatorengebilde.

Auf Grundlage der Auswertungen der Fragebögen führten die beiden wissenschaftlichen Mitarbeiterinnen mit jeder Organisation ein circa einstündiges Gespräch durch.

Die Ergebnisse aus den schriftlichen und mündlichen Erhebungen wurden in einem Zwischenbericht zusammengefasst, mit etwa 4 Seiten für die Vorstellung jeder Einheit: Zunächst mit Basisdaten, gefolgt von einer inhaltlichen Beschreibung und einer zusammenfassenden SWOT-Analyse (Stärken, Schwächen, Chancen, Risiken). Für jede Einrichtung wurde eine der folgenden fünf Empfehlungen abgegeben:

- Ungeeignet für eine Förderung durch Betriebskostenzuschuss

- Kritisch, aufgrund konzeptioneller Probleme

- Experimentelle Förderung, die Einrichtung sollte Chancen für eine Versuchsphase erhalten.

- Förderungsfähig, eine bewährte und auch zukünftig wichtige Einrichtung.

  Dabei betonten wir, dass die Zuordnungen vorläufig seien. Die Einschätzungen könnten in den folgenden Wochen korrigiert werden: Zum einen durch klärende Darstellungen der Einrichtungen, zum anderen durch die Expertenrunde (s.u.).

Der Bericht wurde den Einrichtungen, der Verwaltung und dem Kulturausschuss in einer öffentlichen Sitzung vorgestellt. Am folgenden Tag standen die Bewertungen in der örtlichen Presse.

Zwei Wochen nach der öffentlichen Vorstellung des Zwischenberichtes diskutierten wir mit einer Expertenrunde die Einschätzungen. Die Gruppe bestand zur Hälfte aus Potsdamer Fachleuten, der andere Teil waren Kollegen aus anderen Städten. Es fand noch ein zweite Runde nur mit den Fachleuten aus Potsdam statt.

13 Einrichtungen reichten Stellungnahmen zu dem Zwischenbericht ein. Mit einer Einrichtung fand ein weiteres Gespräch statt. Die Kommentare wurden in dem abschließenden Bericht berücksichtigt und sichtbar gemacht. In einigen Fällen führten die Einsprüche zu Änderungen in der Bewertung.

Im Laufe der Arbeit zeigte sich, dass für die Bewertung der Einrichtungen die Kontexte berücksichtigt werden müssten. Das war, auf Grund des begrenzten Auftrages, aber nicht möglich. Wir haben jedoch versucht, die bewerteten Einrichtungen genrebezogen zueinander in Bezug zu setzen und für die Sparten allgemeine Empfehlungen abzugeben.

Der Abschlussbericht übermittelten die Evaluatoren wiederum gleichzeitig den Einrichtungen, der Verwaltung, dem Kulturausschuss und der Presse. In einer weiteren öffentlichen Sitzung des Kulturausschusses wurde der Bericht erläutert und diskutiert.

HABEN DIE KRITERIEN FUNKTIONIERT?

Die Beteiligten hatten die Möglichkeit, sich bei der schriftlichen und mündlichen Befragung ausführlich darzustellen. Die Einrichtungen sollten nicht nach standardisierten Kennzahlen eingeordnet werden, vielmehr sollte die Besonderheit, das jeweilige Profil deutlich werden. Da nicht einzelne Konzerte, Aufführungen, Kurse etc. bewertet wurden, waren die Plausibilität des vorgestellten Konzepts und die von den Befragten erbrachten Belege der Wirkungen entscheidend für die Bewertung.

Die Fähigkeit zur Selbstvermarktung wurde somit honoriert. Dabei haben wir aber auch versucht, Gründe für mangelnde Selbstdarstellung zu erfassen. Dazu gehören Arbeitsüberlastung (so stand eine Theatergruppe vor der Premiere eines neuen Stückes), geringe Kompetenz für Öffentlichkeitsarbeit, persönliche Zurückhaltung, Unmut über das Verfahren oder über die Mehrarbeit.

Der Grund, die Selbstdarstellung zu privilegieren, liegt in unserem Anspruch, Kulturarbeit öffentlich zu verhandeln. Das erfordert von den Akteuren, dass sie ihre Ziele, Arbeitsweisen und Wirkungen auch kommunizieren können. Pointiert gesagt, nur Einrichtungen, die schriftlich und mündlich ihr Anliegen präsentieren können, sind förderungswürdig.

Die Grenzen dieses Vorgehens sind offensichtlich:
- Die Darstellungen wurden nicht systematisch an der Praxis überprüft. So behauptete eine kulturpädagogische Einrichtung, dass sie Kinder aus unterschiedlichen sozialen Schichten und Stadtteilen als Teilnehmer gewinnen kann. Das ist von den Evaluatoren ebenso wenig überprüfbar wie der Verdacht, dass der Einzugsbereich eher eng sei.

- Versteckte Qualitäten, Potentiale, die die Akteure selber nicht benennen, können mit dem Verfahren kaum gehoben werden. Obwohl wir methodisch die Kategorie Potentiale systematisch berücksichtigt hatten, ist für die Stärkung von Möglichkeiten und Visionen ein spezifischer Zugang notwendig.

Ergänzend zu dem letzten Punkt ist festzustellen, dass die Kriterien besser funktionierten, wenn Einrichtungen eindeutig einer Sparte zuzurechnen sind. Schwieriger war es bei Trägern mit spartenübergreifenden Angeboten. Das Profil eines soziokulturellen Zentrums beispielsweise ist nicht in bekannte und abgrenzbare Muster einzuordnen, es muss unscharf bleiben, weil diese Einrichtungen sich in laufenden (wenn sie gut sind) Veränderungsprozessen befinden. Auf Seiten der Evaluatoren wäre eine intensive Beschäftigung mit den komplexen, auch widersprüchlichen, Entwicklungen in den Einrichtungen notwendig. Die Vertreter der Zentren müssten wiederum die Brüche, Fragen, Optionen und „Baustellen" offen legen. Dadurch würde ein Ungleichgewicht entstehen zwischen spartenbezogenen Organisationen mit ihren klaren Profilen und den interdisziplinären Einrichtungen mit den offenen Flanken. Das ist im Rahmen einer Bewertung der Förderungswürdigkeit kaum zu bewältigen.

Der vorgegebene Rahmen hat sich generell bewährt. Änderungen der Kriterien haben die Einrichtungen nicht vorgenommen. Es gab auch keine Kritik an den Punkten. Allerdings wurden die Punkte Marketing und Management nur sehr kursorisch ausgefüllt. Fast alle Träger waren nur begrenzt in der Lage oder willens, diese Themen zu reflektieren und zu vermitteln.

WIRKUNGEN

Das nahe liegende Ziel der Bewertung war es, Kriterien für die Förderung der Freien Träger zu liefern, die sich um Betriebskostenzuschüsse beworben hatten. Dieser Anspruch wurde eingelöst, die Empfehlungen für die Förderung wurden von der Politik weitgehend übernommen. Im Rückblick eines Jahres ist keine der Einschätzungen aus dem Gutachten in Frage gestellt worden.

Das weitergehende, selbstgesteckte Ziel bestand in der Initiierung eines öffentlichen Diskurses über Kulturpolitik, der mit Hilfe eines transparenten und zuspitzenden Vorgehens angeregt werden sollte.

Durch die Veröffentlichung der Zwischenergebnisse war eine Behandlung hinter verschlossenen Türen nicht mehr möglich. Die Politik musste handeln und Entscheidungen treffen. Die betroffenen Einrichtungen konnten öffentlich ihre Einsprüche erheben. Sie wurden in den Bewertungsprozess aufgenommen und fungierten nicht als ein nachträglicher Protest.

Der Vertreter einer kritisierten Einrichtung warf uns vor, dass wir bestehende Vorurteile verstärkt hätten. In der Tat haben wir die Vorbehalte an einigen Stellen veröffentlicht. So wurde seit längerem in der Kulturverwaltung - in informellen Gesprächen - die mangelnde öffentliche Präsenz und die Abgrenzung einer bestimmten Einrichtung kritisiert. Offen kam das aber nicht zur Sprache. In dem Evaluationsbericht steht es nun deutlich und beide Seiten müssen sich damit auseinandersetzen. Das ist grundsätzlich positiv und hat zu konkreten Entscheidungen in der Förderung geführt.

Den Anschub durch die Evaluation der freien Träger nutzend, wurde vom FB Kultur und Museum ein Diskussionsprozess über kulturpolitische Konzepte in Gang gebracht. Spartenbezogen diskutierten Experten aus den jeweiligen Bereichen in zwei Workshops über die zukünftigen Ziele der Kulturarbeit in Potsdam.

Die Bereitschaft, die im Gutachten angesprochenen Probleme aufzugreifen, hing von der politischen Brisanz der Angelegenheiten ab. Im Bericht wurden die geringe Transparenz der kulturpädagogischen Angebote und die mangelnde konzeptionelle Fassung der vielfältigen Aktivitäten kritisiert. Diese Punkte griff die Kulturverwaltung auf und kündigte ein Symposium mit den Akteuren an.

Dagegen wurde die Problematisierung der Theaterförderung abgewehrt: Einerseits wird die Sparte Theater wegen des Stadttheaters überproportional (im Vergleich zu den anderen Sparten) gefördert, andererseits arbeiten die freien Theater unter prekären Bedingungen. Damit sind grundsätzliche Fragen der kommunalen Kulturförderung berührt, eine Diskussion, die zurzeit politisch nicht erwünscht ist.

Eine der evaluierten Einrichtungen bestand aus einem von der Stadt forcierten Verbund von zwei inhaltlich sehr gegensätzlichen Einrichtungen. Die eindeutige Kritik an dieser Konstruktion wurde von allen Seiten negiert. Grund sind Sachzwänge, die unabhängig von den inhaltlichen Bewertungen relevant sind. Diese Einrichtung hätte daher nicht in die Evaluation einbezogen werden sollen.

Das Verquicken von zwei Zielen (Entscheidungen über die öffentliche Förderung und Beförderung der Einrichtung durch konstruktive Kritik und Beratung) führte zu wechselseitigen Beschränkungen. Einerseits schotteten sich die untersuchten Träger gegen Kritik ab, um die Förderfähigkeit nicht zu gefährden. Andererseits wurden kritische Punkte an einigen Stellen von den Evaluatoren nur sehr vorsichtig genannt, um nicht die Förderung in Frage zu stellen.

Dieses Dilemma ist aber nicht zu vermeiden, solange die Evaluation öffentlich angelegt ist. Interne Evaluationen (s. das Berliner Beispiel in diesem Band), sind in größeren fachlichen Zusammenhängen, z. B. der Museen, möglich, aber kaum in kleinen Städten mit einem Strauß unterschiedlicher Einrichtungen. Die fachliche Selbstreferenz ist nicht gegeben, und sobald ein politisches Gremium involviert ist, bleibt das Verfahren nicht vertraulich. Daher sahen wir in Potsdam auch davon ab, die Berichte in nicht öffentlichen Sitzungen des Kulturausschusses zu diskutieren.

Es gab aber auch beträchtliche Gewinne durch die öffentliche Diskussion. Einrichtungen konnten sich gegen kritische Bewertungen wehren, weil sie nicht hinter verschlossenen Türen stattfanden. In Potsdam organisierte ein Kulturträger sogar eine Demonstration vor dem Sitzungssaal de Kulturausschusses. Von der Politik und der Verwaltung wurde die Relevanz des Gutachtens nicht in Zweifel gezogen, sie erkannten es als Grundlage der weiteren Entscheidungen an. Einige Einrichtungen nahmen die öffentliche Kritik zum Anlass, ihre Arbeit zu überdenken und konkrete Veränderungen vorzunehmen: so wurde in einem Fall die Öffentlichkeitsarbeit und die Außenkontakte verbessert und eine Theatergruppe hat sich neuen Zuschauergruppe zugewendet.

Das Thema Soziokultur stehen inzwischen auf der Tagesordnung: Fragen der inhaltlichen Ausrichtungen, Verhältnis zwischen partizipatorischen Ansätzen und Konsumangeboten, sowie die sozial-räumlichen Verankerungen.

FOLGERUNGEN

1. Die direkte Bewertung von Einrichtungen als Grundlage für Förderungen sollte weitergeführt werden, um transparente Entscheidungen zu ermöglichen. Es ist sinnvoll, von einer Selbstevaluation auszugehen und Portraits der Einrichtungen zu erstellen, um sie in ihren Besonderheiten sichtbar zu machen. Damit wird auch der Gefahr entgegengewirkt, die Einrichtungen nur nach Funktionen (ökonomisch, sozial, touristisch) auszurichten. Die multiplen Gründe für kulturelle Aktivitäten und künstlerische Praktiken bleiben gewahrt. Das bisherige Verfahren sollte aber in Bezug auf die Veröffentlichung des Zwischenberichtes verändert werden. Die kritischen Punkte müssten den Einrichtungen vorher übermittelt und deren Kommentaren im Zwischenbericht vermerkt werden. Dadurch würde sich die Stellung der Einrichtungen im öffentlichen Diskurs verbessern.

Wenn die künstlerische Qualität eines Trägers strittig ist, bzw. die Förderer sich zwischen Bewerbern zu entscheiden haben, müssen zusätzlich Fachgutachten eingeholt werden (s. das Berliner Gutachten zur Förderung der Freien Theater).

2. Davon getrennt sollte die Stadt kulturpolitische Aufgaben und Themen formulieren, die für die Stadt aktuell und in den kommenden Jahren von Bedeutung sein werden. So schlagen wir in unserem Gutachten vor, eine Zusammenschau der vielfältigen kulturpädagogischen Aktivitäten zu erstellen, ihre soziale und räumliche Verbreitung zu dokumentieren, Verbindungen zu erkunden und vor allem unterschiedliche pädagogische Konzepte zu vergleichen. All das müsste in einem Konzept und einen Beschluss (was die Stadt wo, für wen und wie tun will) münden. Damit wäre ein Schwerpunktthema für die kommenden zwei Jahre formuliert und daraus würden sich auch Kriterien für die Förderung ergeben.

3. Die Inhalte kultureller Aktivitäten und insbesondere von Kunst sind kaum ein Thema von Kulturpolitik. Sie feiert die Vielfalt und verwaltet den Mangel. Der Streit ist aber notwendig, weil es durchaus strittig ist und sein muss, was eine Stadt fördern soll. Durch ein provozierendes Vorgehen wie das geschilderte Evaluationsverfahren oder außergewöhnliche Ereignisse wie die Bewerbung um den Titel Kulturhauptstadt, gelingt es, öffentliche Diskurse zu initiieren. Daraus kann man lernen, dass der Wettbewerb aber auch der Widerstreit um das Wohl der Stadt, organisiert und inspiriert werden muss. Die Abwehr gegen die Fragen nach Sinn und Zweck der Förderungen ist, auch von den Vertretern der Kultureinrichtungen, massiv und nachhaltig. Das Einnisten in vermeintliche Selbstverständlichkeiten und Selbstlegitimationen ist verständlich, muss aber immer wieder aufgemischt werden. Dafür brauchen die Kommunen Foren und Tribune, damit die Vielfalt nicht zur banalen Differenz wird.

LITERATUR

Stockmann, Reinhard: Was ist eine gute Evaluation? In: Ermert, Karl (Hrsg.): Evaluation in der Kulturförderung. Über Grundlagen kulturpolitischer Entscheidungen. Wolfenbüttel 2004

Richter, Reinhart: Steuerung kommunaler Kulturpolitik und -verwaltung mit Leitlinien, Zielvereinbarungen und Berichtswesen. In: Brinckmann, Hans; Reinhart Richter (Hrsg.): Die Stadt von der Kultur her denken - die Kultur von der Stadt her denken. Loccum 2006

Richter, Reinhart: Möglichkeiten kulturgeprägter Stadtentwicklung. In: Brinckmann, Hans; Reinhart Richter (Hrsg.): Die Stadt von der Kultur her denken - die Kultur von der Stadt her denken. Loccum 2006

Der Spiegel, Heft 40, Hamburg 2007

Voesgen, Hermann; Pagel, Maike; Voigt, Catherine: Evaluations-Bericht: Qualitative Evaluation der Freien Kulturträger der Stadt Potsdam. Potsdam 2006

Voesgen, Herman (Ed.): What Makes Sense. Cultural Management and the Question of Values in a Shifting Landscape., ENCATC, Bruxelles 2005

EVALUATION ALS INSTRUMENT KULTURPOLITISCHER STEUERUNG - FOLGERUNGEN[14]

Hildegard Bockhorst, Geschäftsführerin der Bundesvereinigung kulturelle Kinder- und Jugendbildung e. V., Remscheid

QUALITÄTS- UND INFRASTRUKTURSICHERUNG DURCH EVALUATION IM FELD KULTURELLER BILDUNG

Die Überschrift meines Beitrags ist bereits das „BKJ-Programm", wenn es im Rahmen dieser Tagung um die Frage nach „Evaluation als Grundlage und Instrument kulturpolitischer Steuerung" geht. D. h., aufgrund meiner langjährigen Erfahrungen als Geschäftsführerin der Bundesvereinigung Kulturelle Kinder- und Jugendbildung (BKJ) sehe ich eher nicht, dass die Bundesjugend-, Bildungs- und Kulturpolitik ihre Politikentscheidungen von Evaluationsergebnissen herleitet, wenigstens nicht unmittelbar. Ich sehe aber wohl, dass das Träger und Einrichtungsspektrum in der BKJ Evaluation als Prozess der Qualitätsverbesserung für wichtig hält und dass es der BKJ auf der Basis vorliegender Evaluationsstudien gelungen ist, der kulturellen Bildung – in ihren Angeboten wie Strukturen – fachpolitische Anerkennung und Unterstützung zu sichern.

Im Hinblick auf die Fragestellung der Veranstaltung könnte man also sagen, dass der Dachverband von 50 bundes- und landesweiten Fachorganisationen für Musik, Theater, Tanz, Medien, Literatur, Spiel und Zirkus eigene wie fremde Evaluationen als Grundlage seiner verbandspolitischen Steuerungsentscheidungen nutzt: für konzeptionelle Weiterentwicklungen und Neuorientierungen, für die Stärkung der eigenen Argumente und Strukturen, für eine wirkungsvolle Lobbyarbeit und Interessenvertretung, sowohl nach innen – in das Feld der Träger und Strukturen kultureller Bildung – als auch nach außen – gegenüber der Jugend-, Bildungs- und Kulturpolitik, insbesondere auf der Ebene des Bundes.

Mit meinem Statement im Rahmen dieser Tagung möchte ich zum einen darauf hinwirken, den Bereich der Kulturellen Bildung auch als Teil von Kultur-

---

[14] Bei den folgenden Beiträgen handelt es sich um Statements der Teilnehmer am Schlusspodium der Tagung. Leider war Norbert Sievers, Geschäftsführer des Fonds Soziokultur, nicht in der Lage, seinen Beitrag für die Dokumentation zur Verfügung zu stellen.

politik im Blick zu behalten und zum anderen über den Stellenwert von Evaluation in der BKJ und ihre Bedeutung für kulturpolitische Steuerung informieren.

Vorweg: Es gibt in unserem Handlungsfeld eine **Vielzahl und Vielfalt unterschiedlichster Evaluationen**. Sie unterscheiden sich je nach Interessenlage und Fragestellung:

- **um die Praxis zu unterstützen und zu verbessern** (vgl. z. B. das für internationale Jugendkulturbegegnungen entwickelte, computergestützte Selbstevaluationsinstrument „Jugend und Europa". (siehe Anmerkungen / Literaturhinweise Nr. 1)

- **um Qualitätsmanagementprozesse anzuregen** (vgl. unser auf CD Rom zur Verfügung gestelltes Selbstevaluationsinstrument für gelingende Kooperation von Schule und kultureller Bildung, quasi ein Routenplaner für die Bildungspartner, den die BKJ mit der Abschlussdokumentation ihres Modellprojektes „Kultur macht Schule" vertreibt. (siehe Anmerkungen / Literaturhinweise Nr. 2)

- **um Ausgangsdaten für Konzeptentwicklung zu erhalten** (beispielsweise zu der Frage, welche Bedeutung hat Kultur im Bereich des Bürgerschaftlichen Engagements. Hier haben wir – nachdem das BMFSFJ zur Finanzierung bereit war – Infratest den Auftrag für eine Spezialauswertung „Kultur und Musik" der vorliegenden Daten des 2. Freiwilligensurveys geben können. (siehe Anmerkungen / Literaturhinweise Nr. 3) oder

- **um Nutzerinteressen besser zu kennen** (wie z.B. die Ergebnisse der regelmäßigen Teilnehmerbefragungen an der Akademie Remscheid oder die Besucherforschung im Bereich der Museen und Bibliotheken).

- **Es gibt auch Evaluation um herauszufinden, wie Künste wirken** (vgl. hierzu das Korrespondenzen-Heft Nr. 49 und das Heft Nr. 4/2006 von Spiel&Bühne zu den Wirkungen von Theater und Theaterpädagogik) und

- **um überprüfen zu können, welche Wirkungsbehauptungen im Hinblick auf (Schlüssel-)kompetenzen durch kulturelle Bildung wissenschaftlichen Evaluationsstandards standhalten** – so erfolgt u.a. im Modellprojekt zum Kompetenznachweis Kultur, evaluiert von der Universität Eichstätt, dem DJI und wissenschaftlich begleitet von so prominenten Wissenschaftlern wie John Erpenbeck (siehe Anmerkungen / Literaturhinweise Nr. 4)

- **Evaluationen werden in Auftrag gegeben, um zu erfahren und zu dokumentieren, ob die Arbeit der Strukturen auch das hält, was diese versprechen** (vgl. den Wirksamkeitsdialog in NRW und die Bestandsaufnahmen der LKJ NRW „Sind wir gut", www.lkj-nrw.de).

- Selbst- und Fremdevaluationen, am besten eine Mischung aus beidem, sind die Basis, **um Selbsterneuerungsprozesse bei Einrichtungen und Organisationen anzuregen,** auch um dem Legitimationsdruck stand zu halten, und

- **letztlich um Argumente und Material zu haben, um für das Handlungsfeld zu überzeugen und Infrastrukturförderung im Bereich der Kulturellen Bildung zu erhalten und zu sichern.** D. h. das Feld der Träger kultureller Bildung stützt auf Evaluationen, sowohl auf vorliegende, weltweite Studien wie die PISA Daten als auch auf Fremd-Evaluationen von Zuwendungsgebern (siehe Anmerkungen / Literaturhinweise Nr. 5) und selbst initiierte Untersuchungen (siehe Anmerkungen / Literaturhinweise Nr. 6) – seine fachpolitische Vermittlungs- und Lobbyarbeit. Und dies, obwohl ich auch von verschiedensten Misslingens-Beispielen - im Sinne von Politiksteuerung über Evaluationen – ebenso berichten könnte.

Zurück zu den BKJ Positionen zum Thema Evaluation und zu dem, was mir als Geschäftsführerin – im Hinblick auf mein politisches Tun und das verbandspolitische Handeln der Organisation- wichtig ist:

Im letzten, von den Mitgliedsorganisationen der BKJ beschlossenen Tätigkeitsbericht kann man als Grundhaltung zu Evaluation lesen: „Für die BKJ ist Evaluation ein wichtiges Instrument für qualitätsvolles und verantwortliches Handeln. Der Dachverband der kulturellen Kinder- und Jugendbildung versteht Evaluation als eine Querschnittsaufgabe (im Qualitätsmanagement) und richtet an sich selbst und seine Mitgliederstrukturen die Erwartung, Evaluation zu verstärken." Allerdings – und dies ist gerade angesichts der Ambivalenz zu berücksichtigen – nur „unter der Voraussetzung, dass der ursprüngliche Charakter und Wert von Evaluation - als ergebnisoffene, kritische, partizipative, von konfliktreichen Aushandlungsprozessen bestimmte und an sozial-kommunikativen Lernprozessen orientierte Sozialforschung - nicht in Frage gestellt und durch einen instrumentellen Umgang mit Evaluation negiert wird."

Evaluationsinstrumente sind unter dieser Voraussetzung als Chance für Empowerment anzusehen und Evaluationen sollten mit dieser Perspektive auch konzipiert werden. Die BKJ hat viele ihrer Evaluationen so angelegt und unterschiedlichste Evaluations-Instrumente zur Verfügung gestellt, die Menschen und Organisationen befähigen, ihre Arbeit zu reflektieren, zu analysieren, zu dokumentieren und in ihrem Outcome zu verbessern. Die DJI Evaluationsergebnisse des Kompetenznachweis Kultur sind ein Beispiel dafür, wie dies gelingen kann.

Als Trägerfeld der Kulturellen Bildung, welches im BMFSFJ ein eigenes Programm mit einem Gesamtvolumen von 7 Mill. Euro hat, sind wir (wie alle geförderten Träger der Jugendhilfe), zur Evaluation verpflichtet. Allerdings konnten wir in der Vergangenheit, im Verbund mit den anderen über den Kinder- und Jugendplan des Bundes geförderten Trägern, durchaus **mitgestalten**, wie unser Berichtswesen auszusehen hat und wir konnten verhindern, dass die Wirksamkeit von Infrastrukturförderung nur quantitativ an Teilnehmertagen, Bildungsstunden u.s.w. dokumentiert werden soll. Wie wir für unser Feld eine partizipative Evaluationskultur entwickelt haben, können Sie in dem Buch „Qualitätssicherung durch Evaluation" nachlesen. Dieses ist zwar schon 1998 erschienen, es ist aber immer noch aktuell und spannend für die eigene Reflexion um „das Zauberwort Evaluation" oder „das Schreckgespenst Evaluation".

Ob es den Trägern kultureller Kinder- und Jugendbildung auch zukünftig gelingen wird, den träger- und qualitätsorientierten Standard von Leistungsnachweisen und vor allem die partnerschaftliche Zusammenarbeit zu halten, (vgl. KJHG und KJP) ist politisch leider nicht entschieden. Im Koalitionsvertrag hat sich die Bundesregierung festgelegt, dass sie die geförderten Infrastrukturen in der Jugendhilfe nach der Maßgabe von Effizienz und Effektivität zu überprüfen gedenkt. Eigentlich ein legitimer politischer Wille, aber leider deshalb bedrohlich, weil es eben den im Rahmen dieser Tagung beschworenen und wichtigen Prozess der Partizipation, der gemeinsamen Zielentwicklung, nicht gibt und zudem unklar ist, ob und wie im BMFSFJ z. B. die geforderten jährlichen Trägerberichte und Dokumentationen zur Kenntnis genommen werden. Zudem wird es auch immer schwerer, angesichts stagnierender bis rückläufiger öffentlicher Mittel, Strukturallianzen zwischen den Freien Trägern aufrecht zu halten bzw. neu herzustellen.

Spätestens seit Mitte der 90er Jahre steht das Thema Evaluation bei den Trägern der Kulturellen Bildung weit oben auf ihrer Agenda! – Ursprünglich durchaus mit angestoßen dadurch, dass man Fremdevaluationen durch Unternehmensberatungsfirmen wie Kienbaum oder McKinsey abwehren wollte, aber auch motiviert dadurch, dass die Kunst- und Kulturorganisationen im Sinne der oben beschriebenen partizipativen und fehlerfreundlichen Evaluationskultur selber (mit-)bestimmen können wollten, wie und was die Qualität von Strukturen und Angeboten auszeichnet und auch selber mitgestalten wollten, mit welchen Messverfahren und Methoden diese erhoben und dokumentiert werden. (vgl. BKJ Trägerevaluation)

Die letzten Jahre und die neueren Evaluationsprojekte zeigen den deutlichen Trend, dass die ureigenen Erkenntnisinteressen der Fachkräfte und

Organisationen zunehmen, dass man Evaluation zur Wirksamkeit der eigenen Arbeit und für eine bessere Qualitätsmanagement-Strategie wünscht und – vorausgesetzt die Ressourcen ermöglichen dies-, auch realisiert. (beispielsweise zu belegen durch die freiwillige Beteiligung kultureller Träger an der vom BMFSFJ in Auftrag gegebenen Fremdevaluation der „generationsoffenen Freiwilligendienste" im BKJ Modellprojekt >kek< und der von der BKJ federführend initiierten Langzeitstudie zum internationalen Austausch, durchgeführt von der Universität Regensburg unter Leitung von Prof. Dr. Thomas.

Wichtig ist: Für die BKJ geht es dezidiert um **die Steuerung von kultureller Bildungsarbeit** – d. h. um deren fachliche und infrastrukturelle Weiterentwicklung und um deren politische Anerkennung und Förderung. Ich betone Kulturelle Bildung so stark, weil es in der Konsequenz bedeutet, sich der **pädagogischen Verantwortung für Persönlichkeitsbildung mit Musik, Theater, Tanz usw. zu stellen.** (Zugespitzt für die Zielfrage könnte ich sagen: Nicht die Kunst, sondern der Mensch steht im Mittelpunkt der Reflexion und der kulturpolitischen „Kennziffern", an denen Wirksamkeitsfragen zu überprüfen sind.). Danach wäre es gesellschaftlich unverantwortlich und auch unprofessionell, wenn sich Kulturpädagogen und Künstler nicht der entscheidenden Frage stellen: Ob ihr Kulturangebot Kompetenzen unterstützt, um kulturelle Vielfalt leben zu lernen und Teilhabemöglichkeiten für möglichst viele Kinder zu ermöglichen?

„Ich lerne zu leben" übertitelte die LKJ NRW die Ergebnisdokumentation einer ihrer Evaluationen zu den Bildungswirkungen kultureller Arbeit und machte damit deutlich, **dass gelingendes Leben und kulturelle Teilhabe die Maßstäbe für die Evaluation von Bildungsqualitäten sind und dass diese Meßlatte ebenfalls für die Bewertung von Strukturen und als Maßstäbe für Organisationsentwicklung anzulegen sind**.

Die Reflexion und Dokumentation von Wirkungen des Organisations-Handelns sind so etwas wie **eine Bringschuld der Träger**. Der Anspruch auf öffentliche Förderung für kulturelle Bildungsaufgaben verpflichtet, Bildungschancen für ein Maximum an Menschen zu eröffnen.

Evaluationen sind hiernach weit mehr als eine Legitimationsanstrengung anzusehen, sondern **Evaluationen sind wesentlich auch als Chance für einen Perspektivwechsel zu verstehen.** Die internationale Leistungsstands-Vergleichsstudie PISA sei hier – auch und wegen ihrer kontroversen Reflexion – als Beispiel herangezogen. Die gesellschaftspolitische Kommunikation und verbandspolitische Rezeption ihrer Ergebnisse hat in der BKJ den kulturpolitischen Steuerungsprozess für „Kultur macht Schule" sichtlich beschleunigt. Der über verschiedene verbandspolitische Steuerungsentscheidungen und neue Aktivitäten (wie Initiative für einen gesamtgesellschaftlichen Bildungsratschlag / Realisierung eines Modellprojektes „Kultur macht Schule" / Angebot eines Kooperationspreises für außerschulische Bildungspartner „MIXED UP" / Gestaltung von Bildungsallianzen für Kulturelle Bildung, gemeinsam mit dem Bundeselternrat / Innovationsideen für ein Gütesiegel „Kulturaktive Schule) eingeleitete Perspektivwechsel heißt: Wer kulturelle Bildung und umfassende Persönlichkeitsbildung will, kommt an der Kooperation mit Schule nicht vorbei. Die Ganztagsschule ist das Modell der Zukunft! Will man der sozialen Selektion unseres Bildungswesens etwas entgegensetzen und will man konsequent die Perspektive - vom Subjekt aus zu denken, einhalten – so muss man als Träger kultureller Bildung seine Fach- und Strukturaufgaben neu und anders definieren. Angesichts der Sorge um die eigene (überwiegend außerschulische) Struktur und um die Werte außerschulischer Jugendbildung (Freiwilligkeit / Partizipation / Interessenbezug / Stärkenorientierung / Ganzheitlichkeit) werte ich den Schritt vieler BKJ Mitgliedsverbände, auf Schule zuzugehen, zu kooperieren und sich für kulturelle Bildung verantwortlich zu zeigen, egal wo sie stattfindet und obwohl sie die Zeit der Kinder im Nachmittag bindet, für außerordentlich beachtlich und anerkennenswert.

SCHLUSSFOLGERUNGEN

Meine verbandspolitische Schlussfolgerung zu Evaluation im Feld der kulturellen Bildung lautet: **Wir sind ein gutes Stück vorangekommen!** Im Widerspruch zu den Feststellungen von Norbert Sievers auf der Evaluationstagung in Wolfenbüttel von vor drei Jahren, sehe ich für das Handlungsfeld der kulturellen Bildung **nicht**, dass sich der „Kulturbereich durch eine weitgehende Nichtexistenz von Evaluationsmaßnahmen" auszeichnet. Ich sehe bei den Trägern kultureller Bildung eher **keine** „evaluationsfeindlichen Mentalitäten". Ich kann nicht feststellen, dass man es für „verzichtbar" hält, „verlässliche Informationen über Besucherstatistiken, Finanzstatistiken, Informationen über kulturelle Bedürfnisse und Gewohnheiten sowie über die Probleme der Akteure und Träger" zu evaluieren. (Sievers)

Aus meiner Erfahrung ist das Interesse an Evaluation groß, weil das Interesse der Beteiligten an einer guten künstlerischen und gesellschaftspolitischen Qualität ihrer (Projekt-)Arbeit ausgesprochen hoch ist. Auch der Haltung, alles was mit Künsten zu tun hat, sei grundsätzlich nicht messbar, tritt die BKJ mit den im Modellprojekt „Schlüsselkompetenzen durch kulturelle Bildung" entwickelten Verfahren begründet entgegen.

Allerdings muss auch ich kritisch feststellen, dass Evaluationen, als Instrument politischer Steuerung, ihre Wirkung nur dann zufriedenstellend zeigen werden, wenn wir es schaffen, die gesellschaftliche Anerkennung für Kunst, Kultur und Kulturelle Bildung zu erhöhen und Politik damit unter Druck zu setzen. Für mich als BKJ-Akteurin lautet in diesem Zusammenhang die entscheidende **Herausforderung:** entsprechend der vorliegenden Evaluationen zur Attraktivität und Wirksamkeit von Angeboten und Strukturen kultureller Bildung **die Kommunal-, Landes- und Bundespolitiker sowie die zuständigen Ministerien dazu zu bewegen, auch entsprechend konsequent zu handeln.** Denn letztlich bleibt es eine politische Entscheidung, ob man die kulturelle Bildung als öffentliche Aufgabe und notwendige Investition ansieht und stärkt; Qualitätsnachweise hierfür liegen ausreichend vor, Bildungswirkungen und Nachhaltigkeit sind dokumentiert, der Mehrwert des Bildens mit und in den Künsten ist evaluiert und bescheinigt. Es ist eine Frage der Lobby (- die wir als freie Träger häufig genug nicht haben, an der wir aber legitimer Weise arbeiten sollten -) und der politischen Macht, die an den jugend-, kultur- und bildungspolitischen Stellschrauben dreht und über Entwicklungsperspektiven und Förderung kultureller Bildungsangebote und Strukturen entscheidet. **Leider helfen die besten Evaluationsergebnisse und Wirksamkeitsnachweise hier nicht wirklich. Aber ohne sie geht es eben auch nicht.**

Fachveranstaltungen wie diese begrüße ich sehr, weil sie **Ambivalenzen sichtbarer machen und Gelegenheit geben, darüber zu reflektieren:** Beispielsweise den Aspekt von Aufwand und Nutzen. Evaluationen kosten viel Zeit und viel Geld: für die politischen Auftraggeber und für die Träger. Wider einem Controlling-Boom müssen kritische Fragen erlaubt und bestenfalls gewünscht sein! Wie: Brauchen wir diese Daten, dieses Wissen wirklich? Sollten wir statt in Evaluation nicht besser in Strukturen und Angebote investieren? Sind Kulturpolitiker und Bundes- und Landesministerien auch bereit, die politischen Rahmenbedingungen zu verändern, wenn entsprechend evaluierte Ergebnisse vorliegen? Leider fallen mir viele gegenteilige Beispiele ein: Widersprüche zwischen Wissen und Veränderung oder anders gesagt, zumindest eine deutliche Ungleichzeitigkeit von Erkenntnissen und Konsequenzen. Eine andere Ambivalenz liegt in der Tatsache, dass Evaluationsdesigns und die Nutzung von Evaluationsergebnissen Interessen unterliegen. Dies kann man ja nicht eigentlich anprangern, aber mir werden diese Interessen zu wenig transparent und zu wenig berücksichtigt. Pro- und Kontra Fremd- oder Selbstevaluationsformat, dies wäre eine weitere zu diskutierende Frage. Abgesehen davon, dass es sich häufig um einen Evaluations-Mix handelt, teile ich die weitverbreitete Haltung nicht, dass Selbstevaluationen eher wenig verlässlich, Fremdevaluationen dagegen glaubwürdige Evaluationsergebnisse erbringen.

Die Diskussion um Evaluation als Instrument politischer Steuerung verbinde ich, aus meiner Perspektive einer „soziokulturellen Idealistin" – so würde ich mich nach dem Eröffnungsvortrag von Michael Wimmer einordnen, mit folgenden Erwartungen und kulturpolitischen Forderungen:

Kulturpolitik muss eine mitbestimmende und fehlerfreundliche Evaluationskulturpraxis definieren, gesellschaftspolitisch durchsetzen und in Partnerschaft von Auftraggebern, Evaluatoren und den Akteuren im Feld umsetzen helfen.

- Kulturpolitik muss dabei auch ihren weiten Kulturbegriff „zurückerobern" und ihre Energien nicht in m. E. unsinnigen Streitpunkten verbrauchen (Stichworte der aktuellen kulturpolitischen Debatten wären für mich Teile der Auseinandersetzung um Computerspiele oder der Streit zwischen den Professionen der Künstler und der Kulturpädagogen zu der Frage: Wer sind die besseren Vermittler kultureller Bildung?

- Kulturpolitik muss wieder politischer werden. Bildungs- und Kulturforschungen, Studien wie das Jugendkulturbarometer u. ä. liefern das handlungsleitende Stichwort: Kulturelle Teilhabegerechtigkeit und die Notwendigkeit, sich hiermit stärker auseinander zu setzen.

- Kulturpolitik muss wieder Gesellschaftspolitik gestalten – auch mit ihren Standards und Qualitätsaspekten für Evaluationen. Sie muss ihre Potenziale für umfassende Bildung und umfassende Teilhabe – also auch ökonomischer, politischer und sozialer Teilhabe – nutzen.

ANMERKUNGEN / LITERATURHINWEISE:

1. Zur Evaluation internationaler Jugendbegegnungen (Englisch, Französisch, Polnisch, Deutsch) ist hilfreich die CD-Rom: „Forschen mit GrafStat – Software und Materialien für Befragungen: Jugend und Europa / Youth and Europe / La Jeunesse et l'Europe / Mlodziez i Europa", www.bpb.de. Die BKJ ermuntert alle Träger von internationalen Jugendkultur-Begegnungen dazu, dieses computergestützte Evaluations-Instrument für internationale Begegnungen einzusetzen, das von der BKJ gemeinsam mit dem Deutsch-Französischen Jugendwerk (DFJW), dem Deutsch-Polnischen Jugendwerk (DPJW), dem Projekt Freizeitenevaluation und der Bundeszentrale für poli-

tische Bildung (bpb) entwickelt wurde. Die CD-Rom kann auch über die BKJ Hompage www.bkj.de bestellt werden.

2. Das Qualitätsmanagementinstrument für Kooperationen „Kultur macht Schule", erstellt von Dr. Helle Becker im Auftrag der BKJ, liegt als CD-Rom folgender Publikation bei: Viola Kelb (Hrsg.) „Kultur macht Schule. Innovative Bildungsallianzen – Neue Lernqualitäten", Schriftenreihe „Kulturelle Bildung vol.3", erschienen im Kopaed-Verlag, München 2007.

3. Die Hauptergebnisse der Freiwilligensurveys 1999 – 2004. „Freiwilliges Engagement im Engagementbereich Kultur und Musik" sind veröffentlicht unter www.bkj.de. Weitere Selbst- und Fremdevaluationsergebnisse im Bereich kultureller Freiwilligendienste sind dokumentiert in: BKJ (Hrsg.) „EngagementPLUS Tatkraft – Empirische Ergebnisse aus dem Engagementfeld Kultur", Berlin/Remscheid 2007.

4. Unter www.kompetenznachweiskultur.de kann eingesehen und heruntergeladen werden: „Bericht über die Evaluation des Kompetenznachweis Kultur im Auftrag der Bundesvereinigung Kulturelle Kinder- und Jugendbildung". Teil 1: Deutsches Jugendinstitut, München/Halle, Ulrike Richter, Franciska Mahl (Fragebogen-Befragung von Jugendlichen und Unternehmern); Teil 2: Bildungs- und Managementgesellschaft Langer, Zwickau, Prof. Dr. Joachim Thomas (Auswertung von Telefoninterviews mit Jugendlichen, Eltern, KnK-Beratern und Fortbildungsbeauftragen). - Weitere Informationen in: BKJ (Hrsg.) „Der Kompetenznachweis Kultur – Ein Nachweis von Schlüsselkompetenzen durch kulturelle Bildung, Schriftenreihe der BKJ Band 63, Remscheid 2004.

5. Unter anderem im Auftrag des BMFSFJ haben das Institut für Kultur- und Medienmanagement - Hamburg, das Zentrum für zivilgesellschaftliche Entwicklung - Freiburg und TNS Infratest Sozialforschung - München das Freiwillige Soziale Jahr (FSJ) Kultur bzw. den generationsoffenen Freiwilligendienst in der Kultur >kek< (Kultur, Engagement, Kompetenz) evaluiert. Die Ergebnisse sind nachzulesen in der unter Anmerkung Nr. 3) aufgeführten Publikation „EngagementPLUS Tatkraft".

6. Ganz entscheidend war für das Feld der Träger kultureller Kinder- und Jugendbildung die Evaluation der BKJ und ihrer Mitgliederstrukturen im Rahmen der Bundesinitiative Qualitätssicherung des Bundesministeriums für Familie, Senioren, Frauen und Jugend. Die Ergebnisse dieser Trägerevaluation sind dokumentiert in: BKJ (Hrsg.) „Qualitätssicherung durch Evaluation – Konzepte, Methoden, Ergebnisse. Impulse für die kulturelle Kinder-

und Jugendbildung", Remscheid 1998. Bereits drei Jahre zuvor erschien in der Schriftenreihe der BKJ als Band 31: Max Fuchs / Christiane Liebald (Hrsg.) „Wozu Kulturarbeit? Wirkungen von Kunst und Kulturpolitik und ihre Evaluierung", Remscheid 1995. - Für das Feld internationaler kultureller Jugendbegegnungen initiiert und gemeinsam mit weiteren Austauschpartnern realisiert hat die BKJ ferner eine Studie zu den „Langzeitwirkungen der Teilnahme an internationalen Jugendaustauschprogrammen auf die Persönlichkeitsentwicklung", deren Erkenntnisse und Empfehlungen nachzulesen sind in: Alexander Thomas u. a. (Hrsg.) „Internationale Jugendbegegnungen als Lern- und Entwicklungschance", Thomas-Morus-Akademie Bensberg, 2006. Die spezifischen Ergebnisse „Kultureller Jugendbegegnungen" finden sich auf den Seiten 133 – 146 und 178-186 der Publikation.

DAS SPANNUNGSFELD VON QUANTITÄT UND QUALITÄT - EVALUATION UND QUALITÄTSMANAGEMENT IN DEN KULTURBETRIEBEN DORTMUND

1. Im städtischen Eigenbetrieb "Kulturbetriebe Dortmund", der seit 1995 besteht, sind in sieben Geschäftsbereichen das Kulturbüro, die Bibliotheken, die Museen, ein Begegnungszentrum, die Musikschule, die Volkshochschule und das Stadtarchiv zusammengefasst. Absicht für die Eigenbetriebsgründung war das Ziel, über eine Budgetierung und dezentrale Ressourcenverantwortung den Bestand und die Leistungsfähigkeit der Kultureinrichtungen unter den Bedingungen der kommunalen Finanzkrise und der Haushaltskonsolidierung zu sichern. Insofern verbindet sich mit der Eigenbetriebslösung eine Offensivstrategie in kulturpolitisch schwierigen Zeiten.

Die oben genannten Geschäftsbereiche sind entsprechend der Eigenbetriebssatzung sowohl in das eigenbetriebsspezifische Berichtswesen eingebunden als auch - und das unterscheidet die Kulturbetriebe von klassischen Eigenbetrieben - in das gesamtstädtische Berichtswesen und Controlling, die im Zuge der neuen Steuerung und Verwaltungsreform in Dortmund aufgebaut worden sind. In den zurückliegenden Jahren konnten in diesem Aufgabenbereich zahlreiche Erfahrungen gesammelt werden, die von der Produktdefinition über Kennzahlensysteme bis zum Qualitätsmanagement reichen.

Der „Dortmunder Eigenbetrieb" versteht sich in unterschiedlicher Hinsicht als ein "Selbstversuch". Patentrezepte für ein "Unternehmen Kultur" sind auch in absehbarer Zeit nicht zu erwarten. Das gilt insbesondere für die Bewertung bzw. Kriterien der Qualität kultureller Leistungen, die eine unabdingbare Voraussetzung für ein Qualitätsmanagement darstellen.

2. Die Definition von Leistungs- und Förderungskriterien für die einzelnen Geschäftsbereiche mit ihren Kultur- und Bildungseinrichtungen erfolgt entsprechend der Betriebssatzung für den Eigenbetrieb auf der Grundlage von

- Produktbeschreibungen,

- kaufmännischer Buchführung und Kostenrechnung,

---

[15] Kurt Eichler, Dipl.-Ing., Raumplaner und Theaterwissenschaftler, ist Leiter des Kulturbüros der Stadt Dortmund, Geschäftsführer der Kulturbetriebe Dortmund, Vorsitzender des Fonds Soziokultur, Vorstand der Landesvereinigung Kulturelle Jugendbildung; seit 1986 Mitglied im KuPoGe-Vorstand.

- Produkt- und Leistungsplanung,

Sie werden operationalisiert durch

- teil- und gesamtbetriebliches Controlling,

- ein System von Kennziffern

und an Rat und Betriebsausschuss/Kulturausschuss sowie Gesamtverwaltung vermittelt durch

- das Berichtswesen (u.a. Vierteljahresberichte, jährliche Geschäftsberichte und Bilanzen).

In der Produkt- und Leistungsplanung und mit entsprechenden Kennziffernsystemen werden die wesentlichen Planungs-, Steuerungs- und Auswertungsdaten für alle Geschäftsbereiche konzentriert.

3. Folglich spielen quantitative Dimensionen für die Bewertung bzw. Leistungsmessung eines solchen Kulturbetriebes eine dominante Rolle. Erfüllte in der Vergangenheit die eher selektive Kulturstatistik für die größeren Kulturinstitute vor allem den Zweck der nachbetrachtenden Dokumentation, zumeist ohne weitergehende Folgen, dienen die neuen, viel differenzierteren Kennziffern für den Ressourceneinsatz, das Angebotspotential, die Angebotsnutzung und die daraus abgeleiteten Produktivitäts- und Effizienzkennzahlen der strategischen Planung und der laufenden betrieblichen Steuerung der Einrichtungen. Input-Output-Rechnungen gewinnen für die Bewertung kultureller Leistungen an Bedeutung, wobei selbst auf kulturpolitischer Ebene vor allem der jeweilige kommunale Zuschuss für ein Angebot in Relation zu den Besuchern bzw. zu den Einwohnern eine immer noch zentrale Input-Output-Größe darstellt.

Vor dem Hintergrund der Haushaltskonsolidierung müssen sich die einzelnen Teilbetriebe mit Kosten-Nutzen-Vergleichen, Effektivitätsanalysen und Rationalisierungsmaßnahmen auseinandersetzen, um auch in Zukunft ihre Kernaufgaben definieren und wahrnehmen zu können.

Seit seiner Gründung im Jahr 1989 hat sich der heutige Geschäftsbereich Kulturbüro intensiv mit dem Thema "Leistungsbewertung" auseinandergesetzt, und ebenso alt sind die ersten Versuche, die eigenen Aufgabenbereiche und Angebote zu systematisieren und Quantität sowie Qualität der kulturellen Leistungen im Veranstaltungs- und Förderbereich zu beschreiben. Eine wichtige Erkenntnis dieser mehrjährigen Diskussion besteht darin, dass die Qualität von kulturellen Angeboten derzeit nur im Rahmen von „geschlossenen" Systemen / Organisationseinheiten mit verbindlichen Kriterien und Übereinkünften vergleichbar und bewertbar ist.

4. Bei den Kulturbetrieben Dortmund insgesamt sind jedoch qualitative Kriterien bisher nicht in die Produkt- und Leistungsplanung integriert, wobei das quantitative Kennziffernsystem mit Einschränkungen und für Teilbereiche durchaus qualitative Bewertungen erleichtert. In den Kulturbetrieben hat sich mit diesem Thema eine besondere Arbeitsgruppe für Qualitätsmanagement beschäftigt.

Die Definition von Qualitätskriterien für kulturelle Leistungen gestaltet sich u.a. deshalb schwierig, weil solche Kriterien von ästhetischen Werturteilen und subjektiven Einschätzungen bestimmt werden. "Messbarkeit", "Standardisierung" und "Vergleichbarkeit" stellen sich dabei als Hauptproblem für eine, wie auch immer geartete "objektive" Qualitätsbewertung dar. Von daher wird man derzeit den Anspruch einer allgemein verbindlichen Qualitätsmessung zugunsten von spezifischen Qualitätsindikatoren, die einrichtungsbezogen zu bestimmen sind, zurückstellen müssen.

Dabei wird es für die verschiedenen Kultureinrichtungen sinnvoll sein, unterschiedliche Verfahren der Qualitätssicherung und -kontrolle sowie des Qualitätsmanagements einzusetzen. Folgende Ansätze sind zu nennen:

- Produktbeschreibungen
- Leistungsindikatoren
- Selbstevaluationen
- Städtevergleiche
- Integrale Qualitätskonzepte mit der Definition von Standards
- ("Total Quality Management" z.B. entsprechend ISO-Norm 9000 ff).

Für die Kulturbetriebe Dortmund wurde eine Checkliste entwickelt, die den einzelnen Geschäftsbereichen bzw. Kultureinrichtungen zur realistischen Selbsteinschätzung sowie zur Begutachtung und Bewertung der eigenen Arbeit dient. Im einzelnen sollten damit folgende Aspekte von Qualität abgefragt werden:

- Allgemeine Beschreibung der Einrichtung (Leitbild, Konzeption, Rechtsgrundlagen, Organisation, Ressourcen)
- Zufriedenheit der Nutzer/innen (Angebotsqualität, Service, Beratung, Ticketing)
- Qualitätsstandards für Professionalität (Mindeststandards, Zeit-/Betriebsvergleich)

- Wirtschaftlichkeit und Zielerreichung (Rechnungswesen/Controlling, Wirkungsanalysen, Kosten-Nutzen-Betrachtungen)
- Zufriedenheit der Mitarbeiter/innen (Partizipation, Führungsleitlinien,
- Arbeitsbedingungen, Chancen/Perspektiven).

Anhand dieser Punkte wurde eine zweistufige Evaluation eingeleitet: zunächst die moderierte Selbstevaluation, der eine Beratung, Begleitung und Überprüfung durch externe Experten folgen sollte.

5. Der von der Bertelsmann-Stiftung Mitte der neunziger Jahre organisierte interkommunale Leistungsvergleich im kommunalen Kulturbereich hat für die Erfüllung der Aufgaben bzw. die Wirksamkeit der Einrichtungen ("Outcome") vier Zielkategorien definiert:

- (gesetzlicher) Auftrag
- Kundenorientierung
- Wirtschaftlichkeit
- Mitarbeiterorientierung.

Im Rahmen dieses Leistungsvergleichs wurde über zwei Ansätze versucht, die (künstlerische) Qualität von Kulturangeboten zu erfassen:

- Auswertung der Medienberichterstattung und
- Befragung von Veranstaltungsbesuchern bzw. von Förderungsempfängern
- sowie eine repräsentative Bevölkerungsbefragung.

Einschränkend ist festzustellen, dass hinsichtlich einer mit diesen Instrumenten vorgenommenen "objektiven" Qualitätsbewertung erhebliche Erhebungs- und Interpretationsprobleme bestehen, so dass beide Ansätze nur bedingt - ergänzt zu anderen Methoden - eingesetzt werden können. Dies gilt insbesondere für die Medienanalyse, bei der der Standort, gesellschaftliche Rahmenbedingungen, persönliche und lokale Konstellationen usw. eine adäquate Darstellung erschweren. Hinzu kommt, dass die meisten Verfahren der Qualitätsmessung, dauerhaft betrieben, sehr arbeitsaufwendig sind.

Das Kulturbüro hat - in Abstimmung mit den am Bertelsmann-Leistungsvergleich beteiligten Kulturämtern - seit dem Jahr 1997 eine regelmäßige Befragung der Veranstaltungsbesucher durchgeführt, was anfangs durchaus wichtige Erkenntnisse über die Angebotsqualität sowie bestehende Defizite offengelegt hat (z.B. im Bereich Öffentlichkeitsarbeit, Veranstaltungsservice), in diesen Teilsegmenten nach erfolgten Verbesserungen durchaus positivere Ergebnisse zu verzeichnen waren, mittelfristig jedoch kaum noch neue operativ umsetzbare Erkenntnisse zu gewinnen waren.

Ebenso wird vom Kulturbüro alle drei Jahre eine Befragung der Förderkunden durchgeführt.

6. Trotz der Schwierigkeiten, die gegenwärtig einer objektiven Qualitätsbewertung entgegenstehen, sollten die Kultureinrichtungen alternative Lösungen bzw. Zugänge entwickeln und erproben. Solange eindeutig ästhetisch ausgerichtete Indikatoren und Verfahren nicht vorhanden sind, kann hilfsweise auch über Sekundärfaktoren versucht werden, Qualitätskriterien für Kulturangebote zu definieren.

So hat das Kulturbüro aus seinen kulturpolitischen Aufgaben die folgenden sechs Ziele/ Bewertungskriterien abgeleitet:

- Künstlerischer Standard

- Innovation

- Breitenwirkung

- Kooperation

- Partizipation

- Stadtentwicklung,

über die zunächst ein "Qualitätswert" für die einzelnen Veranstaltungs- und Förderprogramme des Kulturbüros bestimmt wird. Diese Bewertung erfolgt zur Zeit im Rahmen einer Selbsteinschätzung und -kontrolle im internen Mitarbeiterkreis, ist aber prinzipiell auch erweiterbar.

Durch eine Kombination dieses Qualitätswerts mit der zentralen Input-Output-Größe

- kommunaler Zuschuss/Besucher bzw. Einwohner - aus dem vorhandenen Kennziffernsystem kann eine "Kosten-Nutzen-Kennzahl" für jedes einzelne Programm berechnet und in Relation zur durchschnittlichen Kosten-Nutzen-Kennzahl aller Programme des Kulturbüros gesetzt werden. In diesem Kontext ist eine Gesamtbewertung der kulturellen Leistungen dieser Organisationseinheit in quantitativer und qualitativer Hinsicht bedingt messbar und darstellbar, - bedingt deshalb, weil dieser Ansatz ausschließlich innerhalb des definierten Organisations-, Finanz- und Angebotsrahmens des Kulturbüros vergleichende Aussagen zulässt. Unter dieser Voraussetzung sind auch Stärken-Schwächen-Analysen möglich.

Selbstverständlich kann dieser Rahmen auch erweitert werden, indem sich z.B. mehrere Kulturverwaltungen und -einrichtungen auf die gleichen Methoden, Kriterien und Maßstäbe der Qualitätsbewertung und -steuerung verständigen.

7. Evaluation und Qualitätsmanagement bringen neue Erkenntnisse und Handlungsansätze, erfordern aber auch einen großen Arbeitseinsatz. Dauerhaft betrieben – auch das ist eine Erfahrung der Kulturbetriebe Dortmund – sind Ermüdungserscheinungen hinsichtlich des Neuigkeitswertes und der Akteure unvermeidbar. Daher empfiehlt es sich - entgegen der „reinen Lehre" -, das Thema diskontinuierlich mit jeweils neuen Akzenten wiederaufzulegen. Das schafft neue Motivation und Kraft, das gewonnene Wissen auch in Taten umzusetzen.

In den Beiträgen von gestern und heute sind mir drei Aspekte zum Thema Evaluierung zu kurz gekommen:

1. Dass eine solide Evaluierung brauchbare Zielvorgaben zur Voraussetzung hat, wurde mehrfach erwähnt. Unterschätzt wurde dabei aber, dass dies in der Praxis aus meiner Erfahrung oft schon das größte Hindernis ist: Im Bereich der Kulturförderung ist mir keine Institution mit einem wirklich operationalen Zielsystem bekannt. Die Formulierungen in den Programmen, Satzungen und Leitbildern bestehen aus den bekannten, aber unscharfen Schlagwörtern: "Vielfalt erhalten", "Innovation fördern", "kulturelle Grundversorgung sichern" usw. Tatsächlich ist es außerordentlich mühsam, Entscheidungsgremien zu einer konsistenten, operationalen Festlegung von Zielen zu bringen. Das führt dann dazu, dass bei Evaluierungen am Beginn ein Satz von Annahmen und Hypothesen gebildet wird, um so die Ziele des Auftraggebers nachzubilden - eigentlich nur eine Notmaßnahme.

2. Auch die hier vorgestellten Einrichtungen, die Kulturförderung betreiben, verstehen unter Evaluierung vor allem die Erfolgskontrolle bei den von Ihnen finanzierten Projekten und Einrichtungen. Der Anspruch dieser Institutionen - wie überhaupt von Bundesländern, Kommunen und Stiftungen, die Kultur finanzieren - ist aber eigentlich, für die Bürger einer Stadt ein reichhaltiges Kulturangebot zu sichern, herausragende künstlerische Leistungen zu ermöglichen und ähnliches - eben wurden schon solche Ziele als Beispiel genannt. Ich vermisse hier den Ehrgeiz, einmal zu überprüfen, ob denn die Gesamttätigkeit dieser Einrichtungen tatsächlich die gesteckten Ziele erreicht. Also zum Beispiel bei der Stiftung Pro Helvetia: Weiß denn eine solche Stiftung, ob sie ihren Auftrag, mit dem sie gegründet wurde, überhaupt erfüllt? Was hat deren Fördertätigkeit über die Jahre hinweg im Kulturleben der Schweiz und im Ausland bewirkt? Oder, um für meine eigene Institution zu sprechen: Hat sich durch die Existenz des Landschaftsverbandes Südniedersachsen seit 1989 im Kulturleben unserer viereinhalb Landkreise etwas zum Positiven verändert? Wenn ja, was und wo? Mir ist klar, dass dies eine sehr aufwändige und anspruchsvolle Evaluierung wäre. Und zuallererst wäre hier gedankliche Arbeit zu leisten, angefangen bei der angemahnten Konkretisierung der üblicherweise schwammigen Zielformulierun-

---

[16] Kontakt: omartin@landschaftsverband.org

gen bis hin zur Entwicklung von statistischen oder anderen Methoden, mit denen man das adressierte Kollektiv oder den Wirkungsbereich einer fördernden Institution evaluieren könnte.

3. Wenn sich die Praxis von Evaluierungen im Kulturbereich allmählich durchsetzen wird, werden die Geldgeber immer präziser sagen können, was sie von den Geförderten erwarten und diese werden immer genauer benennen können, was sie zu "liefern" im Stande sind bzw. tatsächlich geliefert haben. Damit wandelt sich aber das klassische Verhältnis von Geldgeber zu Gefördertem in das eines Leistungsaustauschs: Ein Partner bestellt eine Leistung, der andere erbringt diese. Das hätte nicht nur erhebliche inhaltliche und politische, sondern auch - steuerliche Folgen, denn auf Entgelte für Leistungen ist regelmäßig Umsatzsteuer zu entrichten. In vielen Fällen dürfte schon aktuell die Grenze überschritten worden sein, denn viele so genannte Ziel- und Leistungsvereinbarungen sind eigentlich schon Kataloge von Leistungen, an deren Erbringung das Fließen der Zuschüsse gekoppelt ist. Allerdings sind sich meistens weder Geber noch Nehmer der steuerlichen Problematik bewusst, in der Regel hat auch keine Seite ein Interesse an gerichtlicher Klärung. Hier tickt aber eine Zeitbombe: es reichte, wenn an einer Stelle einmal ein Musterprozess geführt würde - diese ganze aktuelle Entwicklung in der Kulturförderung würde sich in Luft auflösen.

Dr. Stephan Opitz, Kulturabteilung in der Staatskanzlei Schleswig-Holstein, Kiel[17]

Wir unterhalten uns seit ein paar Jahren über Evaluation - für den Bereich der öffentlichen Kulturförderung gilt: Je angespannter die Haushaltslage ist, desto lauter werden die Rufe nach Evaluation. Die Grenzen dieser partiellen Selbstbeschäftigung werden allmählich erkannt

Die Entwicklung jedoch nur unter haushalterischen Gesichtspunkten ist bedauerlich und kulturpolitisch nicht zielführend – denn Evaluation ist im Kulturbereich ein erstklassiges Mittel für Zielcontrolling und Steuerung. Zielcontrolling setzt Ziele voraus, Ziele setzen Werte voraus, mit und auf deren Grundlage Ziele formuliert werden.

Der mit öffentlichen Mitteln geförderte Kulturbereich verkommt zu einem zahnlosen Tiger (und wenn er noch so viel evaluiert), wenn demnach die quantitativ messbaren Größen nicht auf der Grundlage von Werten und Zielen erhoben werden.

Dieser Befund ist verführerisch für die ewig gestrigen, die vom Wert der Kultur an sich reden (den ja niemand bezweifelt) und glauben, damit ein Argument für das mit Steuermitteln gestützte Überleben aller bisherigen Strukturen und Inhalte zu haben (als ob nicht alle kulturellen Strukturen und Inhalte ganz bestimmt Halbwertzeiten wie das meiste auf der Welt haben dürften).

Daher ist eine kulturpolitische Debatte, die Werte und Ziele vereinbart, Grundlage jeder Evaluationsmöglichkeit. Die Setzung etwa einer Kategorie „öffentliches Interesse", „Landesinteresse" ist nötig, muss gleichwohl mit Inhalten gefüllt werden, bevor Evaluation greifen kann. Es reicht nicht, in einem Bundesland zu definieren, dass Museen öffentlicher Wertschätzung unterliegen – man muss den Mut haben, zu sagen welche mehr und welche weniger. Und sollte dieses mehr oder weniger in den nötigen Ziel- und Leistungsvereinbarungen mit z.B. den Museen auch festschreiben.

Daraus folgen 3 logisch auf einander folgende Schritte.

1. Kulturpolitische Debatte über Werte und Ziele,

2. Ziel- und Leistungsvereinbarungen,

---

[17] Dr. Stephan Opitz, Germanist und Historiker, war u. a. Leiter des Nordkollegs Rendsburg, bis er seit 1999 als stellvertretender Leiter der Kulturabteilung im Ministerium für Bildung, Wissenschaft, Forschung und Kultur des Landes Schleswig-Holstein tätig wurde. Seit 2005 ist die Kulturabteilung der Staatskanzlei angegliedert.

3. in diesen Vereinbarungen werden Evaluationsmöglichkeiten und –intervalle formuliert.

Die Technik der Evaluation erlerne man von Betriebswirten und Soziologen! Eine durch Evaluation gewonnene Aussage über 100 T oder 1 Mio. Museumsbesucher bedeutet für ein kulturpolitisches Zielcontrolling nichts, wenn die Nachfrageentscheidung für ein mit Steuermitteln, d. h. politisch generiertem Geld, finanziertes Unternehmen nicht nachvollziehbar ist – die Beliebigkeit des mit Steuermitteln finanzierten Angebots als Produkt im Wettbewerb (der manchmal gar nicht wahrgenommen wird) mit den anderen kulturell konnotierten Destinationen der Erlebnisgesellschaft ist das größte Problem der Kulturpolitik in Deutschland (ein Land, in dem ein wissenschaftlicher Diskurs zur Kulturpolitik kaum stattfindet).

Professor Dr. Wolfgang W. Weiß, Kulturdezernent a. D., Bremen,
Deutscher Städtetag[18]

EVALUATION DER KULTUR-EVALUATION? ODER: IST KULTUR MESSBAR?

1. SUBJEKTIVE ERFAHRUNGEN

Insgesamt 24 Jahre war ich im kommunalen Bereich als Institutsleiter, Kulturdirektor und zuletzt anderthalb Jahrzehnte als Schul- und Kulturdezernent tätig. In dieser Zeit hatte ich mehrfach mit Evaluation bzw. mit Untersuchungen und Gutachten zu bildungs- und kulturpolitischen Fragen zu tun. In der Regel wurden damit externe Berater beauftragt, früher unter den Stichworten Erfolgskontrolle und Kulturentwicklungsplanung, später setzte man mit dem Qualitätsmanagement einen neuen Akzent, der sich mittlerweile, angesichts des allgegenwärtigen Evaluationsgebots, nochmals verschoben hat. Doch immer ging es dabei um den Versuch, nicht nur Verwaltungsabläufe zu optimieren, sondern auch die eigenen Zielsetzungen zu hinterfragen, ja sie manchmal überhaupt erst bewusst zu machen, um auf dieser Basis neue Perspektiven mit entsprechenden Strukturentscheidungen für die eigene Kultur- und Bildungsarbeit zu entwickeln.

Bilanzierend kann ich, auch mit dem Blick auf die Erfahrungen vieler meiner Kollegen, sagen, dass nur in Ausnahmefällen die Empfehlungen der Gutachter politisch umgesetzt wurden, was sich offenbar mit den Erfahrungen der meisten Teilnehmer an unserer Evaluationstagung deckt. Zur Begründung wurde häufig auf die beengten Finanzverhältnisse verwiesen, manchmal auch auf inzwischen veränderte politische Mehrheitsverhältnisse, oder dass die Handlungsempfehlungen der Gutachter nicht dem Willen der politischen Mehrheit im Kommunalparlament entspräche. Gelegentlich gab man auch ein neues Gutachten in Auftrag, dessen Ergebnisse die vorausgegangenen in die Aktenschränke und Archive verbannte. Manchmal entsprachen die Ergebnisse der neuen Gutachten dann eher dem politischen Mehrheitswillen.

---

[18] Prof. Dr. Wolfgang W. Weiß, Universität Bremen, Musiklehrer, Dipl.-Päd., DFG-Preisträger im Bereich empirische Sozialforschung, war u.a. 10 Jahre als Kulturdirektor bei Prof. Dr. Hermann Glaser in Nürnberg und zuletzt 14 Jahre als Schul- und Kulturdezernent in Bremerhaven tätig.

Trotzdem, das möchte ich betonen, zeigten die verschiedenen Evaluations-projekte durchaus Wirkung, häufig sogar eine ausgesprochen positive:

Es gab einen höchst lebendigen Diskurs über Ziele, Wirkungen und Per-spektiven der Kulturinstitutionen bzw. der Kulturpolitik – ein Diskurs, den ins-besondere die „Kulturleute" intensiv führten.

Dabei wurden in der Regel die Kriterien für kulturpolitische Entscheidun-gen offengelegt, zum Teil auch erst ins (öffentliche) Bewusstsein gerückt und gegeneinander abgewogen.

Fast immer gab es auch Hinweise auf Defizite in Betriebsabläufen und Kommunikationsstrukturen innerhalb und zwischen den betreffenden Institutio-nen, die vorher so nicht registriert worden waren.

Durch die öffentliche Diskussion entstand erheblicher Druck zugunsten des Kulturbereichs, ein Druck, dem Verwaltung, Politik und Kulturpraxis gleicher-maßen ausgesetzt waren. Diese Spannungen boten eine Chance nicht nur zu fruchtbarer interinstitutioneller Kommunikation, sondern auch zu Transparenz, Partizipation und Innovation...

... und diese Chancen wurden durchaus genutzt. Wie erwähnt sahen die Er-gebnisse dann allerdings meist anders aus als von den Gutachtern empfohlen.

Ein Beispiel aus meinem eigenen Dezernat: Aufgrund der höchst bedräng-ten Finanzlage Bremerhavens sollte unser Stadttheater umstrukturiert bzw. eine Sparte geschlossen werden. In einem Gutachten wurden verschiedene Aspekte analysiert. Dadurch gewann man zunächst einmal nicht nur Zeit, sondern konnte in der öffentlich heftig geführten Diskussion zugleich deutlich machen, welche nicht nur kulturelle, sondern auch wirtschaftliche Bedeutung unser Theater für Stadt und Region hat und wie sehr die Bürger hinter ihrem Theater stehen, was sich auch in einer bemerkenswerten Spendenaktion ausdrückte. Um es abzukür-zen: heute gut ein Jahrzehnt später verfügt Bremerhaven nicht nur über ein rund-um saniertes Dreisparten-Haus, sondern zusätzlich noch über ein Gastspielthea-ter, alles gut ausgelastet und bestens renommiert.

Aus diesem Fallbeispiel wird deutlich, dass die zentrale Bedeutung solcher Studien nicht unbedingt aus den Erkenntnissen über die Effizienz von Betriebs-abläufen usw. besteht, sondern in ihrer politischen Wirkung. Dies lässt sich bestens an der bislang wohl umfassendsten Effizienzuntersuchung des Bildungs-bereichs ablesen, der sog. PISA-Studie, die eine kaum überschaubare Fülle von unerwarteten Erkenntnissen über Sozial-Effekte und daraus wohlbegründete Handlungsempfehlungen für Bildungsentwicklung, Schule und Unterricht er-brachte.

Doch die entscheidende Bedeutung von PISA lag zweifellos in ihrer politischen Wirkung. So unterschiedlich die mit Verweis auf PISA durchgeführten Reformen in den einzelnen Bundesländern auch waren, die Richtung ist allenthalben dieselbe: Man stellt wieder deutlich mehr Geld für Bildung, nebenbei bemerkt dem bedeutsamsten Kulturbereich, zur Verfügung. Überall werden Ganztagsschulen eingerichtet, Sprachdiagnostik- und -förderprogramme durchgeführt usw. – Maßnahmen, die hochwichtig und sinnvoll sind, sich aber keineswegs direkt aus den PISA-Ergebnissen ableiten lassen, sondern sich aus der entsprechenden politischen Diskussion ergeben haben.

Kurz gesagt: Evaluationsstudien erbringen im Kultur- und Bildungsbereich zwar häufig wichtige Stichpunkte für Strukturoptimierung und Qualitätsmanagement, in der Praxis jedoch kommen die gewonnenen Ergebnisse oftmals gar nicht zur Anwendung. Erst der öffentliche Diskurs im Spannungsfeld von Kultur und Politik verleiht diesen Studien eine oft erhebliche Wirkung.

Allerdings sind mit diesem Prozess auch Gefahren verknüpft, Gefahren die, jenseits aller positiven Effekte, häufig im Mittelpunkt öffentlicher Evaluationsdiskussion stehen.

2. GEFAHREN „OBJEKTIVER VERFAHREN"

Vorab ein Scheinversuch zur Bedeutsamkeit der Themen Kultur und Evaluation: Wenn Sie bei Google einen Suchbegriff eingeben, erhalten Sie binnen Sekunden Rückmeldung, ob und ggf. wie viele Web-Einträge gefunden wurden.

Zum Tagungszeitpunkt waren dies z.B. für

Claus Peymann:	0,11 Mio	Ernst Barlach:	0,29 Mio
Volker Schöndorf:	0,33 Mio	Udo Lindenberg:	0,51 Mio
Gerhard Richter:	0,71 Mio	Kulturförderung:	0,83 Mio
Kultusminister:	0,89 Mio	Dieter Bohlen:	0,96 Mio
Albrecht Dürer:	1,10 Mio	Günter Grass:	1,76 Mio
Kulturpolitik:	1,99 Mio	J. W. von Goethe:	2,03 Mio
Bertolt Brecht:	2,38 Mio	Wolfgang A. Mozart:	2,58 Mio
Tokio Hotel:	3,08 Mio	Elvis Presley:	4,57 Mio

Einträge, deren Anzahl übrigens von Tag zu Tag erheblich schwankt.

Was genau mit diesem „Google-Zähl-Verfahren" erfasst wird, wäre noch zu klären, aber es hat etwas mit öffentlichem Interesse und der Einschätzung von Themenbedeutsamkeit durch Internetnutzer zu tun.

Auf unser Thema bezogen zählte Google folgende Anzahl an Einträgen: für

Politik	201 Mio	Kultur	308 Mio
Kunst	205 Mio	Evaluation	399 Mio
Theater	214 Mio		

So skurril dieses Google-Verfahren auch ist, es birgt zumindest gelegentliche Überraschungsmomente. Schlussfolgern lässt sich aus diesen objektiven Zahlen natürlich nichts Ernsthaftes (zumal hier eigentlich Unvergleichbares miteinander verglichen wird), höchstens dass Evaluation inzwischen zu einem Modethema geworden. Doch dazu hätte auch ein Blick in die Fachliteratur oder auf die Tagesordnungen von Kulturausschusssitzungen unserer Kommunalparlamente genügt.

Dass Evaluation nicht nur aufgrund der oben dargestellten Chancen für Strukturverbesserungen zur Zeit en vogue ist, erfährt, wer sich tiefer in die Kulturdebatten der Kommunalparlamente begibt, wo immer häufiger Ergebnisse entsprechender Gutachten präsentiert und erörtert werden. Böse Zungen sprechen hier von einer „Kienbaumisierung" der Kulturpolitik, womit die Richtung der öffentlichen Debatte meist bereits vorgezeichnet ist, eine Debatte, die in den meisten Kommunen ähnlich abläuft:

Sobald sich die Evaluationsstudie dem Abschluss zuneigt, gar schon eine Entwurfsfassung vorliegt, beginnen in der Regel die öffentlichen Diskussionen, meist durch Vorabveröffentlichung von Einzelergebnissen in der Lokalpresse, der eine Fassung von interessierter Seite zugespielt wurde. Dann melden sich die Kulturleute zu Wort, vor allem diejenigen, die gehört haben, dass sie von Kürzungen bedroht sind, es folgen die Oppositionsparteien, die deutlich machen, dass zwar gespart werden muss, aber „so nicht", während die stadtregierenden Koalitionsvertreter erst einmal die offiziellen Ergebnisse abwarten wollen, parteiintern aber schon heftige Schlachten geschlagen werden, ob das Gutachten wirklich so und ob nicht andere Vorschläge, ... schließlich sei man doch Auftraggeber usw.

Doch natürlich können die Gutachter nun nicht ihre Ergebnisse und Empfehlungen grundsätzlich ändern, höchstens, dass, auf Wunsch des Auftraggebers, für die Endfassung hier und da Einzelaussagen abgemildert bzw. anders akzentuiert werden oder ins Kleingedruckte bzw. in den Anhang verschwinden.

Wenn die Endfassung dann in Parteigremien, Ausschüssen, Bürgerversammlungen usw. präsentiert werden, verlaufen die Diskussionen fast immer höchst kontrovers, da die Beteiligten ganz unterschiedliche Interessen damit verknüpfen:

- Die <u>Künstler</u> wollen das reiche Kulturleben der Stadt erhalten, natürlich unter besonderer Berücksichtigung ihrer eigenen Sparte, im Grunde aber dürfe man im gesamten Kulturbereich nichts kürzen, zumal man schon seit Jahren durch vielfältige Sparmaßnahmen gebeutelt sei.

- Die <u>Politiker</u> erhoffen sich Hinweise und Argumente, wie man das reiche Kulturleben zwar erhalten, aber trotzdem durch „Synergieeffekte", „Effizienzsteigerungen" usw. Geld einsparen könne, am liebsten würden sie gleich eine konkrete Einsparsumme hören, die man im Haushalt ohnehin gezwungen sei einzubringen.

- Die <u>Gutachter</u> wollen auf politische Fragestellungen differenzierte Antworten geben, die mit soliden sozialwissenschaftlichen Erhebungsmethoden gewonnen wurden, wollen aber auch neue Aufträge bekommen.

Angesichts dieser unterschiedlichen Interessenlagen und Fragestellungen der Betroffenen, die sich oft auch in unterschiedlicher Sprache äußert, kommt es zu vielerlei Missverständnissen. Denn die entgegengesetzten Interessen werden erstaunlich selten thematisiert. Statt dessen verlagert sich die Debatte meist erst einmal auf Methodisches: Insbesondere die Oppositionsparteien, aber auch die kulturinteressierten Bürger weisen - mit Blick auf evtl. drohende Sparmaßnahmen - auf statistische Ungereimtheiten, entgegengesetzte Erfahrungen aus der Praxis bzw. auf die grundsätzlich begrenzte Aussagekraft solcher Gutachten hin.

Dementsprechend häufig ist die Sentenz zu hören, dass Evaluationsstudien Antworten auf Fragen geben, die so keiner gestellt hat, und sich deshalb jeder aus den Ergebnissen heraussucht, was als Beleg für die eigenen Interessen dient. Und wenn dies nicht möglich ist, zieht man sich auf allgemein anzweifelnde Sinnsprüche zurück, z.B. „Traue keiner Statistik, die du nicht selbst gefälscht hast!"

Doch gerade im Kulturbereich führen solche Diskussionen meist auch ins Grundsätzliche, z.B. zu der Frage nach der Meta-Wirkung solcher Studien auf die Kulturpolitik jenseits aller Sparauseinandersetzungen, und man verweist dabei auf folgende Gefahren:

- Verlagerung zentraler kulturpolitischer Entscheidungen aus den demokratisch gewählten Parlamenten auf einen kleinen Zirkel von Experten und somit Preisgabe der kommunalen Verantwortung.

- Verschleierung der kulturpolitischen Entscheidungsprozesse, da für die Betroffenen zwar die konkreten Empfehlungen aus Evaluationsstudien zu verstehen sind, nicht aber die zum Teil nur von Experten nachvollziehbaren Methoden.

- Scheinobjektivität, da über das komplexe Instrumentarium empirischer Forschungsmethoden zwar beeindruckende Zahlenwerke präsentiert werden können, doch damit nicht das Wesen(tliche) der Kulturarbeit erfasst wird.

Allerdings sind diese Gefahren schon lange bekannt und im Spannungsverhältnis von Politik und Expertentum unvermeidlich.

Es kommt deshalb nicht darauf an, neue Methoden für Erfolgskontrolle bzw. Evaluation im Kulturbereich zu entwickeln, sondern darauf, die in diesen objektivierenden Methoden liegenden Gefahren zu erkennen und ihnen zu begegnen. Am ehesten gelingt dies, wenn die allen Evaluationsstudien innewohnenden Spannungsverhältnisse bei der Durchführung und der Auswertung berücksichtigt werden, nämlich das Spannungsverhältnis

- von Zielsetzung und Methoden: keine Evaluation ohne klare Auftragslage bzw. präzise Zielsetzung, keine Indikatoren, die nicht direkt auf die Fragestellung bezogen sind,

- von Verständlichkeit und wissenschaftlicher Präzision: ggf. lieber aussagekräftige Einzel-Indikatoren statt schwer nachvollziehbarer Clusteranalysen aus einer Fülle gewichteter Abstraktfaktoren.

- von Geld und Kultur bzw. Auftraggeber und Auftragnehmer, einem zentralen Punkt, der nachfolgend genauer betrachtet werden soll.

3. VALOR ET CULTURA

Evaluation kommt von lateinisch „valor", der Wert. Bei Kultur-Evaluation geht es im Wortsinn also um den Wert bzw. die Bewertung von Kultur bzw. ihrer Produkte und Prozesse, und somit ihrer Leistungen. Diese Bewertung ist so alt wie die Kunst- und Kulturproduktion selbst, ja sie ist mit ihr untrennbar verbunden, gehört sozusagen zum Wortsinn: Denn wer Werte erhalten und weiterentwickeln will, muss sie pflegen bzw. ihr „cultura" (lat. Pflege) angedeihen lassen. Und wer pflegen bzw. kultivieren will, muss auch bewerten, er muss, um beim

Kultivierungsbild zu bleiben, entscheiden, wo einerseits gepflanzt und gedüngt und wo andererseits gejätet und beschnitten wird.

Die Entscheidung darüber hängt von der (kulturellen) Leitidee ab. In einem Nutzgarten sind andere Pflegemaßnahmen notwendig als in einem englischen Park oder in einem Blumengarten - so wie sich Kulturpolitik, die vorrangig deren Wirtschafts- und Tourismusfunktion im Blick hat, anders gestaltet als jene, die sich vor allem an Identitätsstiftung und Gemeinwesen orientiert.

Die Bewertung von Kulturleistungen und die Auseinandersetzungen darüber sind sozusagen Kultur-Bestandteil. Was wären z.b. Theateraufführungen und Ausstellungen ohne die anschließenden Gespräche der Besucher, Rezensionen der Kritiker, Leserbriefe von Anhängern und Gegnern usw.? Diese Kontroversen, wo es oft genug um die Frage geht, ob das Gesehene bzw. Gehörte gut oder schlecht oder überhaupt noch Kunst war, sind nicht nur Hefe und Salz des Kulturlebens, sondern dessen unverzichtbarer Bestandteil.

Wenn es aber so schwierig bzw. unmöglich ist, Kunst allgemeingültig zu definieren (Andreas Mäckler z.b. zitiert „1460 Antworten auf die Frage: Was ist Kunst?"), dann wird es mit deren objektiver Messung natürlich schwierig. Und ganz allgemeine Definitionen wie „Letztlich ist Kunst Kunst" (Kurt Brehm) oder „Kunst ist die Definition von Kunst" (Josef Kosuth) bringen auch keine Ansatzpunkte für Messindikatoren.

In diesem Zusammenhang bekommt man immer wieder eine Volksweisheit zu hören: „Kunst kommt von können und nicht von wollen, sonst hieße es Wunst". Doch dieser früher einmal lustige Hinweis auf die notwendigen handwerklichen Fähigkeiten eines Künstlers führt hier auch nicht weiter. Denn gutes Handwerk ist noch kein Kunstwerk. Es fehlt, ... ja das so schwer Definierbare, eben das, was das Handwerk vom Kunstwerk unterscheidet. Manche nennen es den „Kuss des Pegasus".

Deshalb entscheidet erst einmal der Künstler ganz für sich selbst, bewusst oder unbewusst, was „seine" Kunst ist, welchen Pegasus er reitet, welche Leitidee, welchen künstlerischen Entwurf er in sich trägt, bevor er sich überhaupt an das Kunstwerk macht. Und auch der Betrachter bzw. Hörer des Ergebnisses von des Künstlers Mühen kann ganz für sich selbst entscheiden, ob ihm das gefällt, aufregt, ein auratisches Erlebnis vermittelt, ... - und: ob er das als ein gelungenes Kunstwerk ansieht.

Individuell kann man also relativ unkompliziert über die Qualität entscheiden, eben rein subjektiv. Doch intersubjektiv ist das Wesen von Kunst und Kultur, das persönlich so klar zu sein scheint, kaum zu fassen, zumal es wesentlich von der Wechselbeziehung zwischen Künstler und Publikum, zwischen „Kunstgeber und Kunstnehmer" bestimmt wird.

Bezeichnenderweise lassen sich die meisten Künstler von der Bewertung durch ihr Publikum stark beeinflussen, z.B. durch Beifall, insbesondere aber auch durch zahlende Kunstabnehmer bzw. Auftragsgeber, durch Besucher- und Absatzzahlen, Stipendien, Preise, zur Verfügung gestellte Ateliers, Probenräume, Presseberichte, Rezensionen, Druckkostenzuschüsse, Terminvorgaben, Gagen, Festanstellungen, ... usw.

Unser klassisches Musikrepertoire z.b. gäbe es so nicht bzw. sähe ganz anders, in jedem Falle auch ärmer aus, hätten nicht die weltlichen und kirchlichen Fürsten für die entsprechenden Rahmenbedingungen gesorgt und Werke in Auftrag gegeben. Dabei haben sich diese Kunstförderer, die oft genug auch Kunstforderer waren, über Jahrhunderte hinweg kaum an objektiven Kriterien orientiert bzw. sich diese Kriterien bewusst oder gar anderen transparent gemacht, ganz zu schweigen von Versuchen, die Leistungen ihrer Kunstangestellten objektiv zu messen, sondern für sie waren Tradition und Mode und vor allem ihr persönlicher Geschmack ausschlaggebend, der wiederum von mehr oder weniger guten Künstlern geprägt war, mit denen sich die adeligen und geistlichen Mäzene bzw. Auftraggeber umgaben, und natürlich auch vom Image, das der Fürst mit bestimmten Kunstprodukten verknüpfte.

In nach-feudalen Zeiten verlagerte sich die Kunst- und Kulturbewertung bzw. die Entscheidung darüber, welche Kunst gefördert und bezahlt wird, auf gewählte Gremien, in denen meist Kulturexperten (manchmal zusammen mit Politikern) als Jury-Mitglieder fungieren. In solchen weitgehend anonymen Jurys wird heutzutage über Fragen von Weltkulturerbe und Kulturhauptstadt ebenso entschieden wie über die Goldene Kamera oder den Oscar, über Gewinner von Jugend musiziert, den „Faust" des Deutschen Bühnenvereins oder den Literatur-Nobelpreis. Klar, dass die Kriterien einer herausragenden Kulturleistung je nach Umfeld variieren, bei einem Verlegerpreis beispielsweise anders akzentuiert sind als bei der Auszeichnung eines schriftstellerischen Lebenswerks durch eine Kommission von Literaturkritikern.

Dass Einzelpersonen über Kultur- und Künstlerförderung alleine entscheiden ist heutzutage eher die Ausnahme. Dies ist durchaus auch als Ausdruck der Demokratisierung unserer Gesellschaft zu sehen, wie auch die Tatsache, dass das Verfahren zur Benennung der Jurymitglieder und die Kriterien für ihre (Preis)Entscheidungen offen gelegt sind. Und jeder, der damit schon konfrontiert war, weiß, wie ernsthaft in solchen Gremien die Argumente vor dem Juryspruch in aller   Regel untereinander abgewogen werden. Trotzdem haben auch derart gewonnene Expertenurteile nichts mit objektiver Qualitätsmessung von Kulturerzeugnissen zu tun. Denn dadurch wird, methodisch betrachtet, lediglich die Subjektivität ein Stück weit „gemittelt".

Entscheidungen als Einzelpersonen fällen nur Mäzene, die ohne öffentliches Bohai individuell „ihre Künstler" finanziell fördern - ganz nach eigenem gusto. Doch Mäzene sind heute selten geworden.

Dafür gibt es immer mehr Sponsoren. Meist sind dies Firmen, die mit ihrer Künstler- und insbesondere Event-Förderung konkrete Marketinginteressen verfolgen. Denn über Kultur lässt sich ganz gezielt eine interessante marktrelevante Zielgruppe ansprechen, die über traditionelle Anzeigen und Wurf-Werbung so nie erreicht, geschweige denn emotional an die sponsernde Firma gebunden werden könnte. Häufig bedienen sich auch die Sponsoren der Experten-Urteile via Jury, um über ihre Fördermaßnahmen zu entscheiden. Doch orientieren sich hier die Förderkriterien und Jury-Zusammensetzung auch durchaus daran, dass deren Entscheidungen den damit verknüpften Marketing-Entscheidungen nicht entgegenstehen. In diesen Zusammenhängen definiert sich Kultur-Leistung natürlich völlig anders als etwa beim Kultur-Kapitel im kommunalen Wahlkampfprogramm.

In vielen Städten treten die städtischen Gesellschaften (Sparkasse, Stadtwerke, Wohnungsbau etc.) als die wichtigsten Sponsoren auf, schon rein quantitativ, aber auch qualitativ, weil sie oft die letzte Rettung für die Weiterfinanzierung von Kulturleistungen sind, die bislang aus dem städtischen Haushalt bezahlt wurden, was wiederum für andere Kriterien der Kulturförderung spricht.

Insgesamt sollte man die Bedeutung des Kultur-Sponsorings aber nicht überschätzen, auch wenn das Gesamtaufkommen in den letzten Jahren gestiegen ist. Ca. 5 % der gesamten Kulturausgaben, so ist in manchen Studien zu lesen, werden inzwischen durch Sponsoring gedeckt. Doch werden dadurch kaum die seit Jahren erfolgten Kürzungen im Kultur-Etat ausgeglichen. Unter der Hand klagt so mancher Kulturpolitiker, dass man inzwischen für die Förderung der gewachsenen Strukturen in der Stadt weder Geld noch Personal habe, was aber überdeckt würde durch fortwährende „Festivalitis", die ohne Sponsoren wiederum gar nicht denkbar wäre. So kann es in manchen Städten geschehen, dass die Öffnungszeiten von Archiv und Museen eingeschränkt, der Bücherbus abgeschafft, Jugendmusikschulen, Stadtteilbibliotheken und Magazine geschlossen werden, um kulturelle Großereignisse finanzieren zu können.

Dass dies für ein Gemeinwesen nicht gut sein kann, wissen die Politiker, nicht nur jene, die für die Kultur verantwortlich zeichnen, zumal sie dauerhaft und heftig durch die Proteste der Kulturleute in ihrer Stadt daran erinnert werden. Es ist aber auch eine Zwickmühle: Einerseits ist es unverantwortlich, die differenzierten kulturellen Stadt(teil)strukturen nicht mehr (finanziell) zu pflegen, sie gar verloren zu geben, andererseits kann die Stadt auch nicht ein durchaus identitätsstiftendes, weil seit Jahren mit überregionaler Ausstrahlung durchgeführtes kulturelles Großereignis einfach aufgeben. Beide haben ihren hohen Wert für die Stadt, beide müssen gepflegt werden. Doch leider ist nicht genug Geld für beide da.

In dieser Situation ruft man gerne nach Gutachtern und bittet sie, Evaluationsstudien durchzuführen. Damit verknüpft man zweierlei Erwartungen:

1. Hinweise auf strukturelle Defizite im kommunalen Kulturbetrieb, so dass man durch Verbesserungen im Betriebsablauf, Auslagerungen, Ausnutzung von Synergieeffekten, neue Betriebsformen, Kooperationen usw. bei gleichbleibendem Kulturangebot finanzielle Einsparungen vornehmen kann.

2. Überprüfung der „Kulturleistungen", also wie „der output" von Museen, Theater, VHS, Bibliotheken usw. zu bewerten ist. Hierzu werden häufig Besucher- und Veranstaltungszahlen, Einnahmequoten etc. zwischen verschiedenen Städten verglichen („benchmarking"), bei manchen in der stillen Annahme, man könne hierdurch Argumente für Schließungen bekommen, nämlich solcher Institutionen, deren Leistungen allzu viel zu wünschen übrig lassen.

zu 1: *Diese* Erwartungen erfüllen die Evaluationsstudien in der Regel, d.h. sie geben Hinweise, wo man durch Strukturverbesserungen sparen kann, wenngleich durch inzwischen mannigfach erfolgte Reformen im Zuge des Neuen Steuerungsmodells der KGSt nicht mehr so viel Optimierungspotenzial vorhanden ist wie früher.

zu 2: Auch gegen solide Städte- bzw. Institutionenvergleiche ist nichts einzuwenden. Sie können durchaus wichtige Anregungen für Innovationen und Strukturverbesserungen geben. Das Problem beginnt mit den „objektiven" Messversuchen am kulturellen output und endet in einem grandiosen Missverständnis zwischen Politikern, Künstlern und Kulturmanagern, nämlich darüber, was Kultur leisten soll und was Evaluationsstudien leisten können.

4. MESSEN UND BEWERTEN

Wie dargestellt, sind die Auseinandersetzungen darüber, was gute, schlechte bzw. überhaupt Kunst ist, so alt wie die Kunst selber, ja sie sind sogar Bestandteil der Kunst, weil ein Kunstwerk oft erst durch den Verlauf dieser Auseinandersetzungen zum vieldiskutierten, ggf. auch geachteten Kunstwerk wird. Objektiv messbar ist daran zunächst einmal gar nichts. Denn demoskopische Umfragen - ein durchaus objektives Messverfahren - helfen bei der Frage „Was ist Kunst?" nicht weiter, und auch keine parlamentarischen Beschlüsse, wenngleich es schon vorgekommen sein soll, dass in einer Fraktionssitzung darüber abgestimmt wurde, ob das eben präsentierte Modell der geplanten Marktplatzskulptur tatsächlich Kunst sei. Politiker, Stifter und Sponsoren verlassen sich in der Regel lieber auf das zwar kriteriengeleitete, aber immer auch subjektive Urteil von Experten, und das ist meist gut so, zumal die Subjektivität des Juryspruchs durch den Diskurs dieser Experten untereinander noch relativiert wird (s.o.).

Dies alles ist Ausdruck davon, dass sich die „schönen Künste" einem objektiven Diagnosesystem weitgehend entziehen, insbesondere wenn es darum geht, die künstlerischen Leistungen in gut-schlecht-Kategorien einzuteilen. Da aber diese „schönen Künste" finanziell den dicksten Brocken der kommunalen Kulturpolitik ausmachen - manchenorts verschlingen Museen, Theater und Orchester weit mehr als zwei Drittel des gesamten Kultur-Etats - sieht es mit der objektiven Kulturmessung insgesamt mau aus, zumal es auch über „Kultur" keine allgemein verbindlichen Definitionen gibt.

Man kann lediglich feststellen, dass das Verständnis davon, was Kunst und Kultur ausmacht, sich immer mehr ausweitet und vielschichtiger wird. Und dies erschwert beabsichtigte Messungen von Kulturleistungen noch zusätzlich.

Hilfreich ist es angesichts dieser Situation, im Evaluationsprozess zwischen Messen und Bewerten als zwei unabhängig aufeinander folgende Arbeitsschritte zu unterscheiden.

Zum Messen braucht man bestimmte Erhebungsmethoden, die möglichst objektiv, zuverlässig (reliabel) und gültig (valide) sein sollen, was bedeutet, dass bei Wiederholung der Studie durch andere, die aber dieselben Methoden einsetzen, weitgehend dieselben Ergebnisse herauskommen, *und* dass diese Ergebnisse gültige Antworten auf die gestellten Fragen geben.

Vor allem die Frage der Gültigkeit wird allerdings häufig außer Acht gelassen, also ob das Gemessene tatsächlich das Wesen der Kulturleistung ausmacht. Zum Beispiel kann man relativ problemlos die Anzahl der jährlich ausgeliehenen Bücher, der Besucher von Ausstellungen, der Publikationen des Stadtarchivs feststellen, die Einnahmequote des Museums oder die Kosten pro Sitzplatz im Theater usw. ausrechnen oder auch die Feuilletons danach durchzählen, wie oft man erwähnt wurde. Zweifellos kann man damit auch etwas über die quantitativ messbaren Leistungen dieser Kulturinstitutionen aussagen und, im Vergleich mit anderen Institutionen, auch Hinweise auf Stärken und Schwachstellen finden - doch die Frage der Qualität bleibt davon weitgehend unberührt.

Denn die qualitativen Leistungen ergeben sich erst durch eine Bewertung im Gesamtzusammenhang des Kulturlebens, insbesondere der kulturellen Leitziele einer Stadt. Zwar hat jegliche Stadtkultur immer sowohl eine ideelle als auch eine ökonomische Funktion mit entsprechenden Leitzielen, doch die Akzente werden zum Teil sehr unterschiedlich gesetzt. Und dementsprechend unterschiedlich werden auch „objektive Kulturzahlen" bewertet. Lange Warteschlangen vor Ausstellungen und permanent ausverkaufte Häuser verdienen unter wirtschaftlichen Gesichtspunkten in jedem Falle das Markenzeichen „Bestleistung". Falls dies aber vor allem durch Skandale und Provokationen oder seichten Mainstream erreicht wurde, stellt sich die Qualitätsfrage anders, z.B. ob dadurch ein Imageschaden entstanden ist und welchen Einfluss dies auf das kulturelle Klima der Stadt hat - und vor allem, auf Kosten welcher gewachsenen Strukturen der Stadtkultur dies, angesichts der Haushaltskürzungen, realisiert wurde.

Umgekehrt ist offenkundig, dass Institutionen bzw. Veranstaltungsreihen, die *dauerhaft* unter Besucherschwund leiden, bei Publikum und Feuilleton schlecht beurteilt oder gar kaum noch wahrgenommen werden, aber die Stadt sehr viel Geld kosten, auf dem falschen Weg sind.

5. ZUSAMMENFASSUNG

Evaluationsstudien bzw. objektivierende Messverfahren können im Kulturbereich durchaus mit Gewinn eingesetzt werden (Schaffung von Transparenz, Diskurs, Innovation, Effizienz etc.) - allerdings nur, wenn vorher die Leitziele der kommunalen Kulturpolitik und die daraus sich ergebenden Fragestellungen präzise formuliert wurden, weil sich nur daraus gültige Indikatoren für gelungene Kulturarbeit ableiten lassen. Und erst in diesem Zusammenhang kann das Gemessene auch bewertet werden.

Doch genau daran hapert es häufig: Evaluationsstudien werden allzu oft in Auftrag gegeben, weil man sich seitens der (derzeit dominierenden Finanz-)Politik daraus lediglich Hinweise auf Einsparmöglichkeiten erhofft und zugleich die Verantwortung dafür ein Stück weit auf letztlich anonyme Berater bzw. wissenschaftliche Studien lenken kann. Dementsprechend reflexhaft verlaufen auch die öffentlichen Diskussionen über die Ergebnisse solcher Studien.

Doch selbst wenn alles optimal läuft, wenn die Leitziele formuliert, die notwendigen Vorgespräche mit Politik, Verwaltung und Kulturleuten konstruktiv verlaufen sind, wenn angemessene Methoden eingesetzt und die Ergebnisse in öffentlichem Diskurs bewertet und schließlich in kulturpolitisches Handeln umgesetzt werden, so ändert dies nichts an der Tatsache, dass es keine „objektiv richtigen" kulturpolitischen Entscheidungen gibt, auch nicht auf Basis differenziertester Evaluationsmethoden, sondern allenfalls *plausible* Entscheidungen mit Blick auf transparente Kulturzielsetzungen.

ERGÄNZUNGEN

ZIELFORMULIERUNGEN UND FÖRDERKRITERIEN IM FREIEN THEATERBEREICH

Bernd Wagner[1]

Normalerweise geht es nicht um freie nichtkommunal-staatliche Theater wenn über Evaluation in der Kulturpolitik gesprochen wird. Zwar gibt es seit Ende der achtziger Jahre eine relativ kontinuierliche Diskussion über Ziele, Kriterien und Instrumente der Förderung Freien Theaters mit dem Anspruch einer transparenten, überprüfbaren und qualitätsorientierten Förderpolitik. Aber im Blickpunkt der Debatten über Evaluation, Qualitätssicherung und Effizienzkontrolle im Kulturbereich und der Kulturpolitik, die seit etwa 10 bis 12 Jahren in Deutschland intensiv geführt wird, stehen andere kulturpolitische Felder.

- Erste Ansätze – neben den Debatten und praktischen Versuchen in der Weiterbildung – lagen im Bereich der Kinder- und Jugendkultur, wie die Tagung und gleichnamige Studie »Evaluation in der Kinder- und Jugend(kultur)arbeit« in München 1995 oder die verschiedenen Erarbeitungen und Studien der *Bundesvereinigung Kulturelle Jugendbildung* ab der 2. Hälfte der neunziger Jahre.[2]

- Etwa zur gleichen Zeit fand im Rahmen der Verwaltungsreformdiskussion ein intensivere Auseinandersetzung um Zielformulierungen, Effizienz- und

---

[1] Bernd Wagner ist wissenschaftlicher Leiter des Instituts für Kulturpolitik der Kulturpolitischen Gesellschaft und verantwortlicher Redakteur der Kulturpolitische Mitteilungen (Bonn/Frankfurt am Main).

Der für diese Publikation überarbeitete Beitrag wurde unter dem Titel *Methoden der Prüfung und Qualitätssicherung bei kommunalen nichtstaatlichen Theatern* auf der Tagung *Methoden der Evaluation und der Qualitätssicherung in der Kulturpolitik* der *DeGEVal. Gesellschaft für Evaluation und IfA* in Stuttgart am 31. Mai 2007 gehalten.

[2] Siehe hierzu als Beispiel unter anderem Fuchs/Liebald 1995, BKJ 1998 und Liebald 1995 sowie zur Weiterbildung Landesinstitut für Schule und Weiterbildung 1997 und Feuchtofen/Severing 1995.

Effektivitätsmessungen, Erfolgskriterien, Controlling und Berichtswesen statt. In einzelnen kulturellen Tätigkeitsfeldern und teilweise auf ganze Kulturverwaltungen bezogen, wurden hierfür auch konkrete Umsetzungsschritte implementiert.[3]

-   Beeinflusst davon, aber nicht im direkten Kontext mit den Verwaltungsreformmaßnahmen entstanden Anfang der 2000er Jahre in einigen Kulturverwaltungen weitreichende Evaluationsansätze, die sich auf öffentliche Fördermaßnahmen und Förderinstitutionen bezogen wie in Schleswig Holstein (Opitz/Thomas 2003) oder Bremen.

-   Einen eigenen Strang bilden die Ansätze und Debatten über Qualitätsmanagement und Qualitätssicherung im Museumsbereich, die teilweise weit entwickelt sind und zahlreiche Erfahrungen aus der internationalen, vor allem der angloamerikanischen museologischen Diskussionen aufgenommen haben. (Als Beispiel steht hierfür der Sammelband Brüggerhoff/Tschäpe 2001)

-   Seit einigen Jahren gibt es von Seiten der Zuwendungsgeber wie teilweise auch der Träger im Bereich der Freien Kultur interessante Ansätze der Evaluation und Qualitätsmessung wie zum Beispiel in der Soziokultur in Niedersachsen im Zusammenhang der Funktion der Landesarbeitsgemeinschaft als »beliehener Unternehmer«, die Evaluation der Freien Kulturförderung in der Stadt Potsdam durch Lehrende und Studierende der dortigen Fachhochschule oder der »Kriterienkatalog Soziokultur« des *Landesverbandes Soziokultur Sachsen e. V.*

Seit also gut zehn Jahren hat sich ausgehend von kleineren Feldern im Kulturbereich bei der Kulturförderung und Kulturpolitik eine Praxis der Evaluation herausgebildet, in die mittlerweile eine Reihe von Feldern, Gattungen und Sparten einbezogen sind, aber bei weitem noch nicht alle. Vor allem die kostenintensivsten wie die öffentlichen Theater und Musikeinrichtungen, für die in theatertragenden Städten zwischen einem bis zwei Drittel der öffentlichen Kulturausgaben aufgewendet werden, fehlen noch weitgehend

Nur langsam bricht im kulturpolitischen Denken und Handeln die verbreitete Praxis auf, nach der je kleiner der Bereich der Kulturaufwendungen ist, desto genauer hingeschaut wird und Kriterien der Erfolgskontrolle eingefordert werden. Beziehungsweise umgekehrt: Forderungen nach Effizienzmessungen,

---

[3] Siehe für die inzwischen zahlreiche Literatur hierzu zusammenfassend Richter/Sievers/Siewert 1995 und Wagner 1998

Zielformulierungen, Controlling etc. werden vielfach von der Kommunal- und teilweise der Landeskulturpolitik bislang am seltensten an die großen kostenaufwändigen Einrichtungen gestellt. Auf der Ebene der Bundeskulturpolitik zeichnet sich hier am ehesten ein Umdenken ab, in der beispielsweise für die Mittlerorganisation in der Auswärtigen Kultur- und Bildungspolitik oder der *Bundeskulturstiftung* umfassende Evaluationsverfahren diskutiert und teilweise auch bereits praktiziert werden.[4]

Im Verhältnis zu diesen zentralen Bereichen öffentlicher Kulturförderung und Kulturpolitik geht es im Folgenden mit den Freien Theater um einen kleinen Bereich. Am allgemeinen Theateretat macht ihr Anteil je nach Stadt oder Land etwa zwischen 1 und 5 Prozent aus. Am gesamten Kulturetat liegt ihr Anteil oft im Promille-Bereich.

Im Folgenden wird mit einigen Bemerkungen zu Zielformulierungen und Kriterien in der öffentlichen Kulturförderung für nichtkommunale freie Träger begonnen. Danach werden Vorgehen und Inhalt der Entwicklung von Förderkonzepten bei Freien Theatern in einigen Städten skizziert. Dabei wird zum einen auf das Verfahren selbst eingegangen, um zu zeigen, dass dieses selbst Ansprüchen von Transparenz, Partizipation und Überprüfbarkeit entsprechen muss, und zum anderen sollen stichpunktartig Inhalte der Förderkonzeption an ausgewählten Beispielen benannt werden. In einer Schlussbemerkung werden aus dem Vorangehenden einige allgemeine Folgerungen zur Evaluation und Qualitätsmessung im Bereich der freien Kulturförderung gezogen.

Hintergrund meiner Ausführungen sind eigene Erfahrungen bei der Entwicklung von Förderkonzepten für Freie Theater in den vier Städten Hannover, Münster, Stuttgart und Köln. Umgesetzt wurden sie in drei Städten vollständig und in einer ansatzweise. Dabei kann inzwischen teilweise wie in Hannover und Münster auf eine über zehnjährige Praxis sowie in Köln auf dreijährige praktische Erfahrungen zurückgeschaut werden.

Ich habe gemeinsam mit VertreterInnen aus Kulturpolitik, Kulturverwaltung und Theatern der jeweiligen Städte die Konzeptionen bis zur Verabschiedung durch den Rat und die ersten Umsetzungen in der Verwaltung entwickelt. Danach endeten meine Arbeit und meine direkten Erfahrungen. Aus der Ferne habe ich punktuell die praktische Umsetzung verfolgt und wurde bei Diskussionen um die Weiterentwicklung der Konzepte eingebunden.

---

[4]   Siehe zum gegenwärtigen Stand der Debatten und der Evaluationspraxis im Kulturbereich den Sammelband Ermert 2004 und Klein 2007: 287–318.

Zielformulierungen, Maßstäbe und Kriterien der Förderung spielen in den Zuwendungsverfahren von öffentlichen Trägern vor allem bei der Projekt- und teilweise bei der individuellen KünstlerInnenförderung eine zunehmend wichtigere Rolle. Zur »Projektförderung« gehören vielfach auch Kultureinrichtungen, die darüber »quasiinstitutionell« ohne ein konkretes Projekt gefördert werden, wie beispielsweise viele soziokulturelle Zentren oder eine Reihe von Musikschulen und andere Kulturinstitute.

Die Kriterien sind in der Regel Teil der allgemeinen, sparten- oder programmspezifischen Förderichtlinien. In den meisten Fällen handelt es sich aber weniger um explizite Kriterien als um recht allgemein gehaltene Bestimmungen zum förderwürdigen Gegenstand und zu den mit der Förderung verbundenen Zielen.

Über solche recht allgemeinen Absichtserklärungen und eher formale Bedingungen hinaus gibt es nur in einem Teil der allgemeinen Förderrichtlinien inhaltliche Bestimmungen, die als Kriterien der Entscheidungsfindung bei der Mittelvergabe dienen können. In der Regel erfüllten sie eine »ausschließende« Funktion in dem Sinn, dass bestimmte Anträge von vornherein nicht in den Kreis der zu begutachtenden Projektvorschläge aufgenommen werden und haben einen orientierenden Charakter, indem sie bei der Abwägung der Förderentscheidung helfen.

So ist zum Beispiel in den aktuellen »Richtlinien über die Gewährung von Zuwendungen zur Förderung der bildenden Kunst, Literatur, Musikpflege, Darstellenden Kunst, Soziokultur, Kinder- und Jugendkultur sowie Heimat-, Traditions- und Volkskunde« in Sachsen-Anhalt formuliert: »Die Zuwendungen dienen der Förderung folgender Ziele: a) der Entstehung neuer und vielfältiger künstlerischer Ausdrucksformen, b) der Förderung des künstlerischen Nachwuchses, c) der nachhaltigen Vermittlung und Rezeption von Kunst und Kultur, d) der Schaffung von Voraussetzungen für die aktive Teilnahme aller interessierten Bürgerinnen und Bürger am kulturellen Leben, e) der Aufarbeitung der Pflege des künstlerischen und kulturellen Erbes, f) der Erhaltung und des Ausbaues der kulturellen Infrastruktur, g) der Stärkung der kulturellen Potentiale und Eigenarten der Regionen sowie der Erhöhung der kulturtouristischen Attraktivität des Landes, h) der Bündelung und Vernetzung kultureller Aktivitäten mit anderen gesellschaftlichen Bereichen, i) der Qualifizierung von der in den Bereichen tätigen Personen, j) der Entwicklung des Dialogs mit den Kulturen der Welt, k) der Unterstützung von Kunst- und Kulturprojekten für Kindern und Jugendliche.«

Hinzu kommen in dieser Richtlinie für einzelne Programme und Sparten einige eher formale Bestimmungen zur Art der Maßnahmen, die gefördert werden können. Vergleichbare Formulierungen finden sich in einer Reihe weiterer Förderbestimmungen.

In den meisten Förderrichtlinien ist aber die Beschreibung der Anforderungen an die zu fördernden Projekte weniger ausführlich und beschränkt auf einige Substantive wie beispielsweise bei der niedersächsischen Förderung der Kunstvereine: »Das kulturpolitische Förderinteresse des Landes liegt vorrangig in der Unterstützung der aktuellen zeitgenössischen Kunst. Diese Schwerpunktsetzung entspricht den folgenden Kriterien zur Förderung der niedersächsischen Kulturvereine: Qualität, Kompetenz, Innovation, Tradition/Kontinuität, Grundversorgung (lokal/regional), Finanzierung (Drittmittel).«

Während insgesamt gesehen die Formulierung von Förderkriterien sehr allgemein ist, sind sie für Projektzuwendungen da aussagekräftiger, wo es sich um einen relativ neuen Fördergegenstand handelt oder mehrere Akteure in das Entscheidungsverfahren eingebunden sind. Zudem ist die Formulierung von inhaltlichen Kriterien bei der Förderung freigemeinnütziger Träger eng mit der Einrichtung eines Beirats als Entscheidungsgremium verknüpft ist, wie es gerade in der Soziokultur- und Freien Theaterförderung der Fall ist.

Die längste Tradition und intensivste Diskussion über Förderkriterien gibt es neben der Soziokultur bei der Förderung des Freien Theaters. Hier ist auch die Koppelung der Formulierung von Kriterien mit der Einrichtung von Beiräten zur Entscheidung über die Förderung besonders eng. In der Regel existieren hier Kriterien für alle Arten von Förderung, sowohl für Projekt- und institutionelle, Konzeptions- und Infrastrukturförderung.[5]

Diese sind allerdings in einer großen Zahl von Förderrichtlinien für Freie Theater weitgehend formaler Natur wie Dauer des Bestehens der Gruppe, Anzahl der Aufführungen etc. und enthalten höchstens einige allgemeine inhaltlich-ästhetische Kriterien wie künstlerische Originalität, Risikobereitschaft, innovati-

---

[5] Siehe als Übersicht zur Förderstruktur, Förderkriterien und Förderpolitik im Bereich der Soziokultur und der Freien Theater die beiden neueren Studien mit einer ausführlichen Auswertung der Landes- und Kommunalförderung: Institut für Kulturpolitik/LAKS Hessen 2004 und Fonds Darstellende Künste 2007 sowie zur Förderung im Freien Theaterbereich mit Beispielen in verschiedenen Städten und Ländern Wagner 1997.

ve Ästhetik etc. In wenigen Städten beurteilen die Entscheidungsträger stärker nach inhaltlich spezifizierten Kriterien. In etwa der Hälfte der Bundesländer und einem Drittel der Großstädte gibt es schriftliche Förderrichtlinien, aber auch in diesen sind die Kriterien überwiegend formal.

Nach einer Studie unseres *Instituts für Kulturpolitik* für den *Fonds Darstellende Künste* über die Förderung des Freien Theaters gab es 2006 in 16 der 58 größten bundesrepublikanischen Städte schriftlich formulierte Ziele und damit auch mehr oder weniger konkrete Kriterien für die Förderung. In vier Städten sind solche in Planung und 38 haben keine. (Thomas Strittmatter:»Förderstrukturen der Landeshauptstädte und Kommunen«, in: Fonds Darstellende Künste 2007: 217–247) Gegenüber einer Untersuchung, die ich Anfang der neunziger Jahre gemacht habe, hat sich die Situation nicht gravierend verändert. Damals haben acht von 24 westdeutschen Städten über 200 000 Einwohner angegeben, nach inhaltlichen, schriftlich formulierten Kriterien freie Theater zu fördern. (Wagner 1992)

Bei den Ländern sieht die Relation etwas günstiger aus. Hier haben sieben spezielle Förderrichtlinien für Freie Theater mit teils formalen, teils inhaltlichen Kriterien und sieben fördern sie nach allgemeinen Förderrichtlinien. (Ulrike Blumenreich:»Förderstrukturen der Länder und Stadtstaaten«, in: Fonds Darstellende Künste 2007: 118–216)

Die eher formalen Kriterien sind relativ einfach zu überprüfen. Die künstlerisch-inhaltlichen Wertmaßstäbe sind dagegen schon um einiges schwerer überhaupt nur zu formulieren. In den»Richtlinien zur Förderung des Freien Theaters in Hannover« vom Juni 2003 heißt es etwa:»Professionalität, Originalität und künstlerische Qualität des Stoffes und der Bearbeitung; Stimmigkeit von Konzept und Spielort; innovative Formen und neue ästhetische Umsetzungen; gesellschaftspolitisch relevante und gegenwartsbezogene Themen und Autoren; Bespielung von Alltags- oder außergewöhnlichen Orten; kontinuierliche, Stil bildende Ensemblearbeit«.

Auf Landesebene geben die niedersächsischen Richtlinien eine inhaltliche Orientierung, indem als förderungswürdig solche Inszenierungsprojekte angesehen werden, die von»künstlerisch außergewöhnlicher oder innovativer Qualität sind« und»hierbei auch Risikobereitschaft bei der Themenauswahl« zeigen die »Aktualität, Bedeutung des Themas für die Theater- und Zeitgeschichte«, die durch die»künstlerische Zusammenarbeit mehrerer künstlerisch bereits ausgewiesener Theater oder Gruppen« entstehen oder die»in Serien zumindest in größeren Teilen Niedersachsens gezeigt werden sollen«.

In zahlreichen Diskussionen zwischen Zuwendungsgebern und Zuwendungsempfängern im freien Theaterbereich, zwischen den Akteuren des Freien Theaters und innerhalb der Kulturpolitik ist immer wieder über adäquate Förderformen für Freies Theater debattiert und gestritten worden. Im Mittelpunkt stand und steht die Forderung nach möglichst objektivierbaren Kriterien und der Einsetzung von Beiräten zur Entscheidungsfindung.

Von früher in manchen Städten sehr detailliert formulierten Kriterien, mit denen teilweise auch versucht wurde, einige Kriterien zu quantifizieren, ist in der Regel abgerückt worden. An deren Stelle ist meist eine allgemeine Beschreibung des Ziels der Förderung und der Charakteristik des Freien Theaters getreten.

Deutlich geworden ist bei den zahlreichen praktischen Erfahrungen und in vielen Diskussionen, dass solche inhaltlichen Kriterien lediglich orientierenden Charakter für die Entscheidungsfindung haben können und flexibel gehandhabt werden, vor allem, dass sie sich mit der Zeit auch ändern müssen, da sich Freies Theater und sein Ort in der Theaterlandschaft seit der Herausbildung des Freien Theaters und dem Beginn seiner Förderung weitgehend gewandelt haben.

In den vier erwähnten Städten, auf die ich mich in meinen praktischen Erfahrungen beziehe, war das Vorgehen in etwa gleich. Ich skizziere es stichwortartig im Folgenden am jüngsten Beispiel, der Entwicklung des Förderkonzepts in Köln zwischen 1999 und 2001.

Verfahren und Vorgehen

- Gespräche mit den kulturpolitischen Sprechern der Fraktionen und den Verantwortlichen der Verwaltung über die aktuelle Situation der Theaterförderung wie finanzielle und strukturelle Probleme;

- Meinungsaustausch mit VertreterInnen der Freien Theater über die bestehende Förderstruktur und über zukünftige Ziele der Theaterförderung;

- Fragebogenerhebung bei den Freien Theatern und Auswertung statistischen Materials zur Situation der Theater;

- Durchführung leitfadengestützter Interviews mit den Theatern;

- Auf dieser Grundlage Erarbeitung von Vorschlägen einer Neukonzeption gemeinsam mit der Verwaltung und deren Diskussion mit Fraktionen und den Theatern

- Danach Überarbeitung unter Einbeziehung der in den vorangegangenen Gesprächen zusätzlich gewonnenen Aspekte, neue Vorlage des Entwurfs des Förderkonzeptes und Diskussion mit Kulturpolitik und Theatern;

- Erarbeitung des Abschlussberichtes beziehungsweise einer Ratsvorlage mit konkreten Vorschlägen für ein neues Förderkonzept.

Inhalte des Konzeptes:

Entsprechend der unterschiedlichen Situation in den vier Städten sahen die konkreten Förderkonzeptionen jeweils anders aus, aber sie enthielten in etwa vergleichbare allgemeine Vorschläge, von denen hier einige auf der Grundlage der Kölner Ratsvorlage in sieben Punkten skizziert werden.

1. Förderung aufgrund kulturpolitischer Zielsetzungen

Die Förderung Freier professioneller Theater soll nicht mehr als Fortführung einer sich »naturwüchsig« herausgebildeten Förderpraxis betrieben werden, sondern aufgrund kulturpolitischer Zielsetzungen und begründeter Prioritäten erfolgen. Dabei sollen die neuen künstlerisch-theatralischen Entwicklung und die veränderten gesellschafts- und kulturpolitischen Rahmenbedingungen sowie die anderen finanziellen Voraussetzungen einbezogen werden.

2. Kulturpolitische Ziele und Leitlinien

Theaterförderung bedarf Leitlinien. Diese können nicht dauerhaft gültig bleiben, sondern müssen den sich ändernden gesellschaftlich-kulturellen Bedingungen und den Entwicklungen der Theaterarbeit immer wieder angepasst werden.

So wurden beispielsweise für Köln inhaltliche Schwerpunktsetzungen in *vier Bereichen* vorgegeben: *zum einen* gegenüber einer starken Dominanz eines eher literarisch orientierten Sprechtheaters, eine stärkere Unterstützung jener Theaterangebote, die verschiedene Kunstsparten kombinieren, neue Formsprachen ausprobieren, durch veränderte Sichtweisen verstören u. a. *Zum anderen* sollte ein besonderer Akzent der Förderung auf das Kinder- und Jugendtheater gelegt werden. Zudem wurde eine Stärkung der theatralen Angebote für die in Köln lebenden MigrantInnen angestrebt und ein intensiverer Erfahrungsaustausch zwischen Freien Theatern.

Die Festlegung positiver Förderschwerpunkte geht immer einher mit einer Bestimmung von Ausschlusskriterien für Theaterinszenierungen, die nicht aus diesem Haushaltsposten gefördert werden sollen. Das beinhaltet zum Beispiel die Ablehnung von Stücken, die eine die Imitation von Stadt- und Staatstheatern auf materiell und künstlerisch niedrigem Niveau bieten sowie von Formen, die sich bei entsprechender Qualität kommerziell selbst tragen können wie Kabaretts, Varietés und Musicals. Dazu gehört nichtprofessionelles Theater und solches, dass vor allem der Selbsterfahrung und Selbstdarstellung dient.

3. Konzentration der Förderung

Die gegenwärtige Situation erfordert wegen der meist prekären finanziellen Lage der Theater und der öffentlichen Haushalte und auch wegen der gestiegenen Ansprüche an qualitätsvolle Theaterarbeit eine Konzentration der Mittel auf qualitätsvolles Theater, ohne eine Basisförderung aufzugeben. Voraussetzung für eine solche Konzentration ist, dass den Theatern keine Bestandsgarantie zugesichert wird. Ziel konzentrierender Maßnahmen muss es sein, in Übereinstimmung mit den kulturpolitischen Zielen die qualitativ besten Theater finanziell so auszustatten, dass sie ihre künstlerischen und betrieblichen Aufgaben angemessen erfüllen können. Die Umsetzung dieses Ziels kann dazu führen, dass einige der bisher geförderten Theater den öffentlichen Zuschuss verlieren und gegebenenfalls – wenn sie keine anderen Fördermittel bekommen oder neue Finanzierungsquellen erschließen – ihre Arbeit einstellen müssen.

4. Künstlerische und betriebswirtschaftliche Professionalität

Die zunächst formale Entscheidung für eine Konzentration der Förderung erfordert auch eine Festlegung darüber, auf welche Theater beziehungsweise welche Theaterformen eine solche Konzentration stattfinden soll. Dabei kommt der künstlerischen und betriebswirtschaftlichen Professionalität und einer nachweislichen öffentlichen Resonanz zentrale Bedeutung zu.

Allerdings ist »Qualität« eine relationale Kategorie, die sich erst auf das festgelegte Ziel hin bestimmen lässt. Das heißt neben der allgemeinen künstlerischen Qualität (z. B. schauspielerisches Können, Stimmigkeit der theatralischen Umsetzung), hängt die Beurteilung einer Theaterinszenierung von der Evaluation kulturpolitisch bestimmter Ziele ab (z. B. innovative Formsprache, neue Sichtweisen, Heranführung »theaterferner Besuchergruppen«, intelligentes Unterhaltungsangebot). Gleiches gilt auch für die Besucherresonanz eines Theaters oder eines Stückes. Die Besucherzahlen und die Anzahl der Besprechungen allein sind noch keine Beurteilungskriterien.

5. Förderkriterien

Aus den allgemeinen Schwerpunkten der Förderung professionellen Freien Theaters leiten sich die Förderkriterien ab. Diese unterscheiden sich nach formalen Voraussetzungen (z. B. zweijähriger Spielbetrieb mit mindestens zwei frei finanzierten Produktionen) und inhaltlichen Kriterien,

Inhaltliche Kriterien bestimmen sich zum einen aus dem allgemeinen Charakter freier Theaterarbeit. Hierzu gehören in Köln beispielsweise »die ästhetische, innovative und/oder soziale Qualität der künstlerischen Aktivität«. Hinzu kommen weitere Kriterien wie:

- *Originalität, Aktualität und Gehalt des Stoffs*, u. a. vernachlässigte Themen, Autoren und Autorinnen, Ur- und Erstaufführungen, Neubearbeitungen selten gespielte Werke, Bedeutung des Themas für die Theater- und Zeitgeschichte;

- *Originalität und Qualität der Bearbeitung*, u.a. durch Versuche mit neuen Formensprachen, Experimente durch andere ästhetische Formen und Grenzüberschreitungen verschiedener Genres, Bespielung von Alltags- und außergewöhnlichen Räumen, selbsterarbeitete Produktionen und Arbeitsformen, die auf den Prozess selbst Wert legen;

- *Besonderheit und Qualität der Arbeitsweise*: kooperative Projekte von verschiedenen ansässigen oder auswärtigen Gruppen, kontinuierliche, stilbildende Ensemblearbeit, Gruppentheater mit durchlässiger Arbeitsteilung, gemeinsamen Entscheidungsstrukturen und kollektiven Arbeitsformen.

6. Vergabeform

In der Regel befürworten die Theater eine Entscheidungsfindung durch einen Beirat oder eine Jury. Dieser setzt sich in Köln beispielsweise aus drei von einer Versammlung aller Kölner professionellen Theater und drei von der Verwaltung vorgeschlagenen ExpertInnen zusammen. Sie werden hier für drei Jahre gewählt. Eine einmalige Wiederwahl ist zulässig. Die Entscheidungen des Beirats sind im Rahmen der verfügbaren Haushaltsmittel und der rechtlichen Rahmenbedingungen bindend und werden von der Verwaltung ausgeführt.

7. Förderstruktur

Ein zentrales Problem der Freien Theater- und auch anderen freien Projektförderung besteht in der fehlenden Planungssicherheit. Ein in der freien Theaterförderung in den letzten Jahren häufiger genutzter»Mittelweg« zwischen jährlicher Projekt- und langfristiger institutioneller Förderung besteht in der Konzeptionsförderung

Ihr Ziel ist die Herstellung einer Mischung von Flexibilität und Kontinuität in der Förderpolitik. Sie dient der Förderung von Theatern, die sich künstlerisch ausgewiesen haben und soll ihre kontinuierliche Weiterentwicklung ermöglichen. In der Regel tritt sie neben die weiter vergebene Projektförderung. Sie wird auf der Grundlage eines vorgelegten Konzeptes für die Theaterarbeit der nächsten Jahre einschließlich der Skizzierung von Projekten für einen Zeitraum von drei bis vier Jahren vergeben. Aus dem Konzept muss die längerfristige Perspektive, die künstlerische Zielsetzung, das quantitative Angebot sowie die wirtschaftliche Tragfähigkeit des Theaters erkennbar sein.

Nach Ablauf des vorletzten Förderjahres wird die bisherige Arbeit der geförderten Gruppen, ihre Selbsteinschätzung und die öffentliche Resonanz gemeinsam diskutiert und über eine mögliche weitere, wiederum zeitlich begrenzte Konzeptionsförderung entschieden. Diese Förderform lehnt sich an Vorstellungen niederländischer Theaterförderung an und wird in Berlin, München, Hannover und Münster und anderen Städten seit längerem erfolgreich praktiziert.

Mit einer Zielformulierung, darauf bezogene Teilprojekte und daran anzulegenden Erfolgskriterien sowie deren Überprüfung durch externe Fachleute einschließlich einem Berichtswesen bildet die Konzeptförderung einen Instrumentarium für transparente und überprüfbare Entscheidungsfindungen und ist damit Form praktischer Evaluation.

Das Ziel öffentlicher Kulturförderung ist die Unterstützung von Künstlerinnen und Künstlern sowie von Kunstprojekten und die Gewährleistung einer vielfältigen kulturell-künstlerischen Infrastruktur, damit möglichst viele Menschen an kulturellen Angeboten teilnehmen können. Sie orientiert sich also an der Herstellung eines Ergebnisses, dessen Qualität der Maßstab für die Qualität der Förderung ist.

Andererseits ist Kulturförderung als öffentlicher Vorgang und Vergabe öffentlicher Mittel an die allgemeinen Standards gebunden, die generell für staatlich-kommunales Handeln gelten wie Transparenz, Berichtspflicht, Wirtschaftlichkeitsgebot etc. Deswegen ist öffentliche Kulturförderung nicht nur an ihren Ergebnissen zu messen ist, sondern auch an der Rationalität und Qualität des Verfahrens. Zentrale Kriterien sind dabei – ohne Anspruch auf Vollständigkeit – Wirtschaftlichkeit, Zugänglichkeit, Transparenz, Öffentlichkeit, Fachlichkeit und Rationalität.

Zu dieser Qualität des Vergabeverfahrens gehören unter anderem die *Ziel- und Kriterienformulierung der zu fördernden Projekte*: Die Ziele und Kriterien müssen *formuliert* sein, um überhaupt als Maßstäbe erkannt zu werden. Sie müssen *nachvollziehbar*, und *überprüfbar* sein. Dabei wird wie, am Beispiel der Theater gezeigt wurde, zwischen formalen und inhaltlichen Kriterien unterschieden, die bei der Begutachtung von Projektvorhaben zu berücksichtigen sind. Während die formalen Maßstäbe objektivbar sind, lassen die inhaltlichen der Interpretation und damit dem Ermessen einen größeren Spielraum.

Gleichwohl sind sie für den Entscheidungsprozess in aller Regel bedeutsamer. Dass Kriterien wie Nachhaltigkeit, Zeitrelevanz, Modellhaftigkeit, Innovation, Interkulturalität nicht oder schwerlich im strengen Sinn objektivierbar und überprüfbar sind, begründet keineswegs ihre Irrelevanz für eine qualitätssichernde Förderpraxis und ihre Evaluation. Allein die Tatsache, dass inhaltliche Ansprüche formuliert werden, und den beteiligten Akteuren sowohl bekannt sind als auch von ihnen ernst genommen werden sollen, qualifiziert das förderungspolitische Verfahren im Sinne größerer Transparenz gegenüber den Adressaten und damit auch den diskursiven Prozess der Entscheidungsfindung und der Kulturpolitik insgesamt.

Mit der Praxis der Fördervergabe im freien Theaterbereich anhand inhaltlicher und formaler Kriterien und deren Überprüfung durch externe Beiräte, an die eine erneute Förderung geknüpft ist, wird hier eine Evaluation im Sinne der Wirksamkeitskontrolle kulturpolitischer Fördermaßnahmen und einer Zielerreichungsqualität in zahlreichen Städten schon seit geraumer Zeit praktiziert. Gleichzeitig steht dabei immer auch die Verfahrensqualität als zweites wesentliches Element einer kulturpolitischen Evaluation auf dem Prüfstand, da die freie Theaterförderung immer ein Gegenstand öffentlicher Debatten und Auseinandersetzungen ist und dabei die Transparenz, Zugänglichkeit, Fachlichkeit und innere Rationalität des Verfahrens eine wichtige Rolle spielen.

LITERATUR

Brüggerhoff, Stefan/Tschäpe, Ruth (Hrsg.) (2001): Qualitätsmanagement im Museum?! Qualitätssicherung im Spannungsfeld zwischen Regelwerk und Kreativität – Europäische Entwicklungen, Bielefeld: transcript Verlag

Bundesvereinigung Kulturelle Jugendbildung e. V. (Hrsg.) (1998): *Qualitätssicherung durch Evaluation, Konzepte, Methoden, Ergebnisse – Impulse für die kulturelle Kinder- und Jugendbildung*, Remscheid: Bundesvereinigung Kulturelle Jugendbildung e. V.

Ermert, Karl (Hrsg.) (2004): *Evaluation in der Kulturförderung. Über Grundlagen kulturpolitischer Entscheidungen*, Wolfenbüttel: Bundesakademie für kulturelle Bildung Wolfenbüttel (Wolfenbütteler Akademie-Texte, Band 18)

Feuchthofen, Jörg E./Severing, Eckart (Hrsg.) (1995): *Qualitätsmanagement und Qualitätssicherung in der Weiterbildung*, Neuwied u. a.: Hermann Luchterhand Verlag

Fonds Darstellende Künste (Hrsg.) (2007): *Freies Theater in Deutschland. Förderstrukturen und Perspektiven*, Bonn/Essen: Kulturpolitische Gesellschaft/Klartext Verlag (Dokumentation 65)

Fuchs, Max/Liebald, Christiane (Hrsg.) (1995): Wozu Kulturarbeit? Wirkungen von Kunst und Kulturpolitik und ihre Evaluierung, Remscheid: Bundesvereinigung Kulturelle Jugendbildung e. V.

Institut für Kulturpolitik der Kulturpolitische Gesellschaft e. V. (IfK)/ LAKS Hessen e. V. (Hrsg.) (2004): *Soziokultur und ihre Förderung durch die Länder*, Bonn/Essen: Kulturpolitische Gesellschaft/Klartext Verlag (Dokumentation 63)

Klein, Armin (2007): *Der exzellente Kulturbetrieb*, Wiesbaden: VS Verlag für Sozialwissenschaften

Landesinstitut für Schule und Weiterbildung (Hrsg.) (1997): Evaluation der Weiterbildung. Gutachten, Bönen: Verlag für Schule und Weiterbildung

Liebald, Christine (1995): Wirkungen der Kinder- und Jugendarbeit. Rahmenbedingungen für eine Evaluation in der kulturellen Kinder- und Jugendarbeit, Remscheid: Bundesvereinigung Kulturelle Kinder- und Jugendbildung e. V. (BKJ Texte)

Opitz, Stephan/Thomas, Volker (2003): »Die Evaluation der Kulturförderung eines Bundeslandes. Kulturpolitische Ausgangspunkte, Methodik und operative Maßnahmen am Beispiel der Förderung von Projekten und kulturellen Verbänden«, in: Klein, Armin (Hrsg.): *Deutsches Jahrbuch für Kulturmanagement 2002*, Baden-Baden: Nomos Verlagsgesellschaft, S. 107–118

Richter, Reinhart/Sievers, Norbert/Siewert, Hans-Jörg (Hrsg.) (1995): *»Unternehmen Kultur«. Neue Strukturen und Steuerungsformen in der Kulturverwaltung*, Hagen/Essen: Kulturpolitische Gesellschaft e V./Klartext Verlag (Edition Umbruch, Band 7)

Wagner, Bernd (Hrsg.) (1998): *Den Wandel durch Fortbildung begleiten. Dokumentation des Projekts »Neue Steuerungsformen und MitarbeiterInnenqualifikation in kommunalen und freien Kultureinrichtungen«*, Bonn: Kulturpolitische Gesellschaft e. V. (Den Wandel durch Fortbildung begleiten, Band 4)

Wagner, Bernd (1997): »Freie Theaterarbeit. Öffentliche Förderung durch Kommunen und Länder«, in: *Handbuch Kulturmanagement. Die Kunst Kultur zu ermöglichen*, Berlin: Raabe Verlag, E 1.3 (30 Seiten).

Wagner, Bernd (1992): »Öffentliche Förderung und Fördermodelle Freier Theaterarbeit in der Bundesrepublik Deutschland«, in: Sievers, Norbert/Wagner, Bernd (Hrsg.): *Bestandsaufnahme Soziokultur. Beiträge, Analysen, Konzepte*, Stuttgart u. a. 1992, S. 243–273)

DAS EVALUIERUNGSVERFAHREN DER LEIBNIZ-GEMEINSCHAFT

Carsten Klein[6]

Die Leibniz-Gemeinschaft ist ein Zusammenschluss von derzeit 83 Forschungseinrichtungen in ganz Deutschland, die wissenschaftliche Fragestellungen von gesamtgesellschaftlicher Bedeutung bearbeiten. Die Leibniz-Einrichtungen forschen auf den Gebieten der Natur-, Ingenieur- und Umweltwissenschaften über die Wirtschafts-, Sozial- und Raumwissenschaften bis hin zu den Geisteswissenschaften. Sie stellen Infrastruktur für die Forschung bereit und erbringen forschungsbasierte Dienstleistungen – Vermittlung, Beratung, Transfer – für Öffentlichkeit, Politik, Wissenschaft und Wirtschaft. Das Gesamtbudget aller Einrichtungen beträgt 1,1 Mrd. Euro, die Zahl der Mitarbeiterinnen und Mitarbeiter beträgt knapp 14.000.

Die rechtlich und wirtschaftlich selbstständigen Einrichtungen haben sich in der Leibniz-Gemeinschaft zusammengeschlossen, um gemeinsame Anliegen gegenüber Bund, Ländern, den anderen Wissenschaftsorganisationen und gegenüber der Öffentlichkeit wahrzunehmen, die wissenschaftliche Zusammenarbeit und den wissenschaftlichen Nachwuchs zu fördern und Qualität, Leistungs- und Wettbewerbsfähigkeit zu sichern. Zur Realisierung dieser Ziele unterhält die Leibniz-Gemeinschaft eine Geschäftsstelle in Bonn und Büros in Berlin und Brüssel, die über ein Umlageverfahren von den Einrichtungen finanziert werden.

Alle Einrichtungen der Leibniz-Gemeinschaft werden vom Bund und der Gesamtheit aller Bundesländer gemeinschaftlich finanziert. Voraussetzung dieser Gemeinschaftsfinanzierung sind ihre überregionale Bedeutung und ein gesamtstaatliches wissenschaftspolitisches Interesse an ihrer Arbeit. Die Erfüllung dieser Kriterien wird von Bund und Ländern in regelmäßigen Abständen von höchstens sieben Jahren überprüft, wobei diese Überprüfung auf der Grundlage

---

[6] Dr. Carsten Klein hat Physik und Philosophie studiert und war mehrere Jahre am Philosophischen Seminar der Universität Bonn wissenschaftlich tätig. Nach Stationen beim Wissenschaftsrat und beim Stifterverband für die Deutsche Wissenschaft ist er seit 2005 Leiter des Referats Evaluierung der Wissenschaftsgemeinschaft Gottfried Wilhelm Leibniz (Leibniz-Gemeinschaft) e.V., Bonn, Kontakt: c.klein@evaluierung-leibniz.de.
Dieser Beitrag wurde als Vortrag gehalten bei einem Workshop des Arbeitskreises „E-valuation von Kultur und Kulturpolitik" der Deutschen Gesellschaft für Evaluation (DeGEval) am 1. Juni 2007 in Stuttgart.

einer unabhängigen wissenschaftlichen Evaluierung erfolgt. Diese Evaluierungen hat früher der Wissenschaftsrat durchgeführt, seit 2002 sind sie in die Regie der Leibniz-Gemeinschaft selbst übergegangen.

Das Evaluierungsverfahren der Leibniz-Gemeinschaft lehnt sich in zentralen Punkten an das bewährte Verfahren des Wissenschaftsrates an. Dazu gehört auch die Zweistufigkeit: In der ersten Stufe erfolgt eine Begutachtung durch eine aus externen Fachgutachtern sowie Vertretern von Bund und Ländern bestehende Bewertungsgruppe. Diese überprüft die wissenschaftlichen Leistungen der Einrichtungen seit der vorangegangenen Evaluierung, nimmt aber auch Stellung zu Strategien, Arbeitsprogrammen und Zukunftskonzepten und spricht Empfehlungen für die weitere Arbeit aus. Grundlage sind die Unterlagen, die die Einrichtungen in Beantwortung eines umfangreichen Fragenkatalogs zur Verfügung stellen, und die Ergebnisse eines zweitägigen Besuchs der Einrichtung, der einem standardisierten Ablauf folgt. Die Bewertung der wissenschaftlichen Leistungen umfasst die qualitative Bewertung der Arbeitsergebnisse und die Beurteilung quantitativer Leistungsparameter wie z.B. Veröffentlichungen, kompetitiv eingeworbene Drittmittel oder Patentanmeldungen. Auch Bereiche wie Nachwuchsförderung und Kooperation mit Hochschulen, Ausstattung sowie Struktur und Management werden bewertet, und es wird stets überprüft, ob die Empfehlungen der letzten Evaluierung umgesetzt wurden bzw. nachvollziehbare Gründe für deren Nicht-Umsetzung angegeben werden. In Bezug auf quantitative Indikatoren ist hervorzuheben, dass es keine vorgefassten Benchmarks gibt, die eine gleichsam automatisierte Bewertung der Leistungen ermöglichen würden. Vielmehr werden die Leistungskennzahlen von den Fachgutachtern anhand der im jeweiligen Fach geltenden Standards bewertet und gewichtet und gehen zusammen mit der qualitativen Bewertung in das Gesamturteil ein (*„informed peer-review"*).[7]

Das in einem Bewertungsbericht zusammengefasste Ergebnis der Begutachtung kann nach der Verabschiedung durch die Gruppe nur noch in besonderen Ausnahmefällen verändert werden. Auf der Grundlage dieses Berichtes gibt dann in der zweiten Stufe des Verfahrens der Senat der Leibniz-Gemeinschaft eine Empfehlung zur weiteren Förderung der Einrichtung ab, die neben der wissenschaftlichen Qualität auch übergeordnete Aspekte einbezieht und zu den

---

[7] Einzelheiten zum Verfahren, dem Fragenkatalog und den Evaluierungskriterien können dem Dokument „Grundsätze zu Aufgaben und Verfahren der Evaluierung" entnommen werden, das auf der Homepage der Leibniz-Gemeinschaft zum Download verfügbar ist (http://www.leibniz-gemeinschaft.de/?nid=deva).

Fördervoraussetzungen „überregionale Bedeutung" und „gesamtstaatliches wissenschaftspolitisches Interesse" Stellung nimmt. Dem Leibniz-Senat gehören neben Wissenschaftlern, die nicht aus Leibniz-Einrichtungen stammen, auch die Vorsitzenden und Präsidenten der großen deutschen Wissenschaftsorganisationen, Vertreter der für die Leibniz-Einrichtungen zuständigen Bundes- und Landesministerien sowie Personen des öffentlichen Lebens an. Als Arbeitsgremium des Senats wurde ein ständiger Senatsausschuss Evaluierung (SAE) eingerichtet, dessen Mitglieder neben Angehörigen des Senats weitere nicht den Leibniz-Einrichtungen angehörende Wissenschaftler sowie Vertreter von Bund und Ländern sind. Der SAE steuert das Verfahren, diskutiert die Bewertungsberichte und erarbeitet Vorschläge für die Stellungnahmen des Senats. Zwei SAE-Mitglieder stellen stets den Vorsitzenden und dessen Stellvertreter bei den für jede Evaluierung neu gebildeten Bewertungsgruppen und sichern damit Kontinuität und Vergleichbarkeit.

Die Evaluierungen der Leibniz-Einrichtungen können somit als Mischform von summativer und formativer Evaluation betrachtet werden. Eine Qualitäts*kontrolle* erfolgt durch die Bewertung der Leistungen in der vergangenen Förderperiode. Das Ergebnis dient in erster Linie Bund und Ländern als Zuwendungsgebern dazu, die Fördervoraussetzungen zu überprüfen und bei schlechten Leistungen durch Beendigung der Finanzierung eine weitere Fehlallokation von öffentlichen Mitteln zu vermeiden. Qualitäts*sicherung* erfolgt durch die Identifikation von Schwächen und Stärken und das Aussprechen von Empfehlungen für die weitere Arbeit der Einrichtungen, die zur Verbesserung der Leistungen beitragen sollen. Die Umsetzung der Empfehlungen wird durch die wissenschaftlichen Beiräte der Einrichtungen begleitet, die das zweite wichtige Element der Qualitätssicherung in der Leibniz-Gemeinschaft darstellen.

Zur Organisation des Evaluierungsverfahrens und zur administrativen Unterstützung der daran beteiligten Gremien wurde ein Referat Evaluierung als Teil der Leibniz-Geschäftsstelle eingerichtet, dem derzeit acht Mitarbeiter angehören, davon sechs wissenschaftliche. Zu den Aufgaben des Referats gehören neben administrativen Tätigkeiten auch die Recherche von Fachgutachtern und die Anfertigung von Entwürfen der Besuchsprotokolle und der Bewertungsberichte, die im Anschluss mit den Vorsitzenden und Mitgliedern der Bewertungsgruppen abgestimmt werden. Die Kosten für Personal und Infrastruktur des Referats sowie die Reisekosten der Bewertungsgruppen und sonstigen Evaluierungsgremien werden im Rahmen

des Haushaltes der Leibniz-Geschäftsstelle über eine Umlage von den Mitgliedseinrichtungen finanziert. Die Kosten, die für die Einrichtungen bei der

Vorbereitung der Unterlagen und der Präsentation ihrer Arbeitsergebnisse während des zweitägigen Besuchs der Bewertungsgruppe anfallen, tragen diese selbst.

Das Evaluierungsverfahren der Leibniz-Gemeinschaft zeichnet sich durch drei Eigenschaften besonders aus. An erster Stelle ist die *Unabhängigkeit* zu nennen, auf deren Erhalt nach Übergang des Verfahrens auf die Leibniz-Gemeinschaft auch durch die Zuwendungsgeber besonderer Wert gelegt wurde. Um sicherzustellen, dass Vertreter der einzelnen Einrichtungen oder Funktionsträger der Leibniz-Gemeinschaft keinerlei Einfluss auf die Ergebnisse der Evaluierungen ausüben, wurden alle Organe und Gremien, die an der Evaluierung beteiligt sind, extern besetzt, d. h. mit Personen, die keiner Leibniz-Einrichtung angehören. Vertreter der Leibniz-Gemeinschaft nehmen zwar an den Sitzungen von Senat und SAE und den Institutsbesuchen der Bewertungsgruppen teil, jedoch nur als Gäste ohne Stimmrecht. Durch diese Regelungen ist sichergestellt, dass die Leibniz-Vertreter die Perspektive der Gemeinschaft in die Diskussion einbringen und in SAE und Senat Beiträge zur Weiterentwicklung des Verfahrens leisten können, dass jedoch die Entscheidungen in Evaluierungsfragen nur von unabhängigen, außenstehenden Personen getroffen werden. Auch auf die Unabhängigkeit des Referats Evaluierung wurde großer Wert gelegt. Wenngleich das Referat Teil der Geschäftsstelle der Leibniz-Gemeinschaft ist, unterstehen seine Mitarbeiter fachlich und dienstrechtlich nicht dem Generalsekretär, der laut Satzung die Geschäftsstelle leitet, sondern dem Leiter des Referats Evaluierung, der wiederum fachliche Anweisungen nur vom Vorsitzenden des SAE erhält. Über die Einstellung von Mitarbeitern entscheidet der Referatsleiter im Einvernehmen mit dem Generalsekretär. Die zweite Besonderheit des Leibniz-Verfahrens ist dessen *Transparenz*: Nicht nur Verfahrensregeln und Bewertungskriterien sind öffentlich und für jeden Interessierten auf der Homepage der Leibniz-Gemeinschaft einsehbar, sondern auch die verabschiedeten Bewertungsberichte und Senatsstellungnahmen sowie die Namen der Gutachter und der Mitglieder von SAE und Senat. Drittens zeichnet sich das Evaluierungsverfahren durch seine *Konsequenz* aus. Bund und Länder stützen die Überprüfung der Fördervoraussetzungen der Leibniz-Einrichtungen auf die Empfehlungen des Senats, denen sie bisher stets gefolgt sind. Dies gilt auch für die bisher zwei Fälle, in denen der Senat aufgrund negativer Evaluierungsergebnisse die Beendigung der gemeinsamen Förderung empfohlen hat, was die Schließung der Einrichtungen zur Folge hatte. Diese direkte Verknüpfung des Fortbestandes einer Einrichtung mit dem Ergebnis einer unabhängigen wissenschaftlichen Evaluierung ist in der deutschen Wissenschaftslandschaft einzigartig und trägt in erheblichem Maße zur Durchsetzungsfähigkeit der von Bewertungsgruppen und Senat ausgesprochenen Empfehlungen bei. Neben der Empfehlung zur Beendigung der Förderung stehen dem Senat bei weniger kritischen Fällen auch abgestufte Maßnahmen zur Verfügung. Dazu gehören eine vorzeitige Überprüfung der Fördervoraussetzungen auf Grundlage einer erneuten Evaluierung schon nach drei oder vier statt sieben Jahren oder die Aufforderung an das Institut, nach einigen Jahren einen Bericht zur Umsetzung der Empfehlungen vorzulegen, auf dessen Grundlage der Senat ggf. eine erneute Evaluierung ansetzen kann. Gerade die vorgezogene Evaluierung hat sich als „gelbe Karte" bewährt, um grundlegende Reformen bei kritisch bewerteten Einrichtungen durchzusetzen.

Aus den langjährigen Erfahrungen bei der Evaluierung der Leibniz-Einrichtungen, zunächst durch den Wissenschaftsrat, dann durch den Senat der Leibniz-Gemeinschaft, lassen sich eine Reihe von Einsichten ableiten, die auch auf Evaluierungen in anderen Kontexten übertragbar sind:

1. Glaubwürdigkeit setzt Unabhängigkeit voraus.

Die Unabhängigkeit des Verfahrens von Einflussnahmen der evaluierten Institutionen, der Politik und anderer Interessengruppen ist eine wichtige Voraussetzung für die Glaubwürdigkeit und Akzeptanz bei allen beteiligten Akteuren.

2. Wirksamkeit setzt Konsequenz voraus.

Nur wenn schlechte Ergebnisse Strafen nach sich ziehen, sind Evaluierungen ein wirksames Instrument, um nachhaltige Verbesserungen der Leistungsfähigkeit der evaluierten Einrichtung zu erreichen.

3. Kompetenz setzt Kontinuität voraus.

Nur die Einrichtung ständiger Evaluierungsgremien und einer permanenten Geschäftsstelle zur administrativen und inhaltlichen Unterstützung dieser Gremien ermöglicht die Etablierung von Standards und die stete Verbesserung der Verfahrensqualität

Das Evaluierungsverfahren der Leibniz-Gemeinschaft hat inzwischen ein hohes Niveau erreicht. Nichtsdestotrotz bedarf es einer ständigen Überprüfung und Weiterentwicklung. Zum einen ist bei Evaluierungen generell darauf zu achten, dass keine unerwünschten Anpassungseffekte auftreten. Die Bewertungskriterien müssen stets dahin gehend hinterfragt werden, ob sie nicht Fehlanreize setzen, die letztlich zu einer Absenkung der wissenschaftlichen Qualität führen können. In diesem Kontext ist es wichtig, den unterschiedlichen Arbeitsweisen und Kulturen verschiedener Fachgebiete Rechnung zu tragen und dem breiten Aufgabenspektrum der Leibniz-Einrichtungen gerecht zu werden, das nicht nur Forschung, sondern in vielen Fällen auch Dienstleistungen für die

Wissenschaft sowie forschungsbasierte Politikberatung umfasst. Zum anderen sollte das Evaluierungsverfahren auch in Zukunft der Weiterentwicklung der Leibniz-Gemeinschaft angepasst werden. Ende des Jahres 2008 werden fast alle Leibniz-Einrichtungen mindestens dreimal evaluiert worden sein, in der überwiegenden Mehrzahl der Fälle mit sehr guten bis exzellenten Ergebnissen. Daher ist zu erwarten, dass in der nächsten, vierten Runde der Nachweis der zum Weiterbestand notwendigen wissenschaftlichen Leistungsfähigkeit nicht mehr so prominent im Vordergrund stehen wird wie bisher. Stattdessen dürfte die Bewertung von Arbeitsprogrammen, Strategien und Zukunftskonzepten ein zunehmend stärkeres Gewicht erhalten, womit auch das Kriterium des gesamtstaatlichen wissenschaftspolitischen Interesses wieder stärker in den Vordergrund der Evaluierungen rücken könnte. Schließlich stellt sich die Frage, ob nicht Kriterien erarbeitet werden sollten, die eine vergleichende Einordnung der evaluierten Leibniz-Einrichtungen in bestimmte Qualitätsstufen im Sinne eines Ratings ermöglichen, um für die Einrichtungen der Spitzengruppe eine Gratifikation, beispielsweise durch besondere Mittelzuweisungen, zu ermöglichen und damit weitere Anreize zur Leistungssteigerung zu setzen.

ANHANG

TAGUNGSPROGRAMM

Mittwoch, den 29. August 2007

14.30 Uhr	Begrüßung der Teilnehmerinnen und Teilnehmer, Eröffnung der Tagung und Einführung
	Dr. Karl Ermert, Akademiedirektor, Wolfenbüttel
	Bernd Wagner, Institut für Kulturpolitik der KuPoGe, Bonn
14.45 Uhr	**Kunst, Kultur und Evaluation – einige grundsätzliche Überlegungen zu einem prekären Verhältnis**
	Dr. Michael Wimmer, EDUCULT - Denken und Handeln im Kulturbereich Institute for Cultural Policy and Cultural Management, Wien
15.45 Uhr	**Evaluation: Theoretische und praktische Fragen zur Entwicklung im Kulturbereich** (auch zum Stand der Überlegungen im Arbeitskreis Evaluation von Kultur und Kulturpolitik in der Deutschen Gesellschaft für Evaluation)
	Vera *Schneider*, Bereichskoordination Bildung im Centrum für Evaluation (CEval) an der Universität Saarbrücken
16.35 Uhr	Pause
16.55 Uhr	**Evaluation als Instrument der Kulturpolitik auf kommunaler Ebene**
	Reinhart *Richter*, Kommunalberatung, Osnabrück
17.45 Uhr	Praktisches Beispiel I:
	Evaluation im kulturellen Alltag – Methodisches Design für die Evaluation des NRW-Landesprogramms „Kultur und Schule"
	Dr. Susanne *Keuchel*, Zentrum für Kulturforschung, Bonn
18.30 Uhr	Abendessen
19.45Uhr	Praktisches Beispiel II
	Evaluation in der Pro Helvetia: Lessons learnt und Best Practice
	Anne-Catherine *de Perrot*, Pro Helvetia, Schweizer Kulturstiftung, Zürich
anschl.	Informeller Teil

Donnerstag, den 30. August 2007

9.00 Uhr   Praktisches Beispiel III:

Konzept der Evaluation von institutionell geförderten Kultureinrichtungen

Volker *Heller*, Kulturabteilungsleiter Senatskanzlei Berlin

Dr. Gesa *Birnkraut*, Hamburg

9.50 Uhr   Praktisches Beispiel IV:

Evaluation kultureller Einrichtungen in Potsdam

Professor Dr. Hermann *Voesgen*, FH Potsdam

10.40 Uhr   Pause

11.00 Uhr   **Evaluation als Instrument kulturpolitischer Steuerung – Folgerungen**

Schlussgespräch zur Tagung

Einleitende Statements, anschließend Diskussion mit dem Plenum

Hildegard *Bockhorst*, Geschäftsführerin der Bundesvereinigung kulturelle Kinder und Jugendbildung e. V., Remscheid

Kurt *Eichler*, Dortmund, Geschäftsführer der Kulturbetriebe Dortmund GmbH, Vorstand Kulturpolitische Gesellschaft e. V.

Olaf *Martin*, Northeim, Geschäftsführer Landschaftsverband Südniedersachsen,

Dr. Stephan *Opitz*, Kulturabteilung in der Staatskanzlei Schleswig-Holstein, Kiel

Dr. Norbert *Sievers*, Bonn, Geschäftsführer des Fonds Soziokultur

Professor Dr. Wolfgang *Weiß*, Bremen, Deutscher Städtetag

12.30 Uhr   Ende der Tagung mit einem Mittagsimbiss

TEILNEHMERINNEN UND TEILNEHMER

Adler, Henrik, Persönlicher Referent des Intendanten, Berliner Festspiele, Berlin

Amshoff, Karsten, Stadtverwaltung Gütersloh, Gütersloh

Bartmann, Antje, Referat K 23, Der Beauftragte der Bundesregierung für Kultur und Medien (BKM), Berlin

Baumann, Leonie, Geschäftsführerin Neue Gesellschaft für Bildende Kunst e.V., Berlin

Baumann, Dr. Sabine, Bundesakademie für kulturelle Bildung Wolfenbüttel, Programmleitung Bildende Kunst

Beckmann, Christine, Cultural Contact Point Germanx, c/o Kulturpolitische Gesellschaft e.V., Bonn

Behrens, Günter, Dr., Volkshochschulverband Baden-Württemberg, Leinfelden-Echterdingen

Betzler, Diana, M.A., Studienleitung MAS Arts Management, Zentrum für Kulturmanagement, Zürcher Hochschule Winterthur, Winterthur

Billmayer, Franz, Prof., Leiter der Abteilung für Bildende Künste, Kunst- und Werkpädagogik, Universität Mozarteum, Salzburg

Binder, Jana, Dr., Goethe-Institut München, München

Birnkraut, Gesa, Dr., Birnkraut & Partner, Arts + Business Consultants, Hamburg

Blumenreich, Ulrike, Institut für Kulturpolitik der Kulturpolitischen Gesellschaft, Bonn

Bockhorst, Hildegard, Geschäftsführerin Bundesvereinigung Kulturelle Jugendbildung, Remscheid

Brinckmann, Hans, Prof. Dr., Universität Kassel, Kassel

Burggraf, Dietrich, Direktor, Ada- u.- Theodor-Lessing-Volkshochschule Hannover, Vorstand Bundesakademie Wolfenbüttel

de Perrot, Anne-Catherine, Kulturstiftung Pro Helvetia, Zürich

Ehlert, Andrea, Bundesakademie für kulturelle Bildung Wolfenbüttel, Öffentlichkeitsarbeit, Koordination

Eichler, Kurt, Dipl.-Ing., Leiter des Kulturbüros, Stadt Dortmund, Dortmund; Vorstand Kulturpolitische Gesellschaft

Engelmann, Christine, Region Hannover, Team Kultur, Hannover

Ermert, Karl, Dr., Direktor, Bundesakademie für kulturelle Bildung Wolfenbüttel, Wolfenbüttel

Fisch, Elisabeth, M.A., Stiftung Kloster Dalheim, Lichtenau

Fritzsche, Ralph, Stadtverwaltung Gütersloh, Gütersloh

Frontz, Renate, Hannover

Gerlach, Rita, Studentin Humboldt-Universität Berlin, Berlin

Göbbel, Narciss, Dr., Kulturabteilung Senator für Kultur Bremen, Bremen

Goslar, Annette, Aha-Erlebnis-Kindermuseum Wolfenbüttel, Kissenbrück

Graf, Lisa, Studentin, Hochschule für öffentliche Verwaltung Kehl, Konstanz

Handwerg, Ute, Geschäftsführerin, Bundesarbeitsgemeinschaft Spiel und Theater (BAG), Hannover

Hautmann, Peter, Abteilungsleiter, Stadt Nürnberg, Kultur- und Freizeitamt, Nürnberg

Heller, Volker, Abteilungsleiter Kultur, Senatskanzlei - Kulturelle Angelegenheiten, Berlin

Herzog, Clementine, Dipl. Kulturpädagogin, Stadt Freiburg, Kulturamt, Freiburg

Jedermann, Katharina, Institut für Kunst im Kontext, Universität der Künste, Berlin

Jung-Lundberg, Ignaz, Geschäftsführer, Landschaftsverband Hildesheim e.V., Hildesheim

Kaiser, Sophie, zweiplus beratung Entwicklung Evaluation, München

Kessel, Martina, 2. Vorsitzende des Bundesverbands Tanz in den Schulen e.V., tanzhaus nrw, Düsseldorf

Keuchel, Susanne, Dr., Stv. Direktorin, Zentrum für Kulturforschung, Bonn

Kimpel, Andreas, Stadtverwaltung Gütersloh, Gütersloh

Köstlin, Thomas, Dr., Kaufmännischer Geschäftsführer, KBB - Kulturveranstaltungen des Bundes in Berlin GmbH, Berlin

Krebber-Steinberger, Eva, Dr., Universität Dortmund, Bochum

Kretschmann, Ralf, Dr., Land Brandenburg, Ministerium für Wissenschaft, Forschung und Kultur, Potsdam

Kussin, Christiane, Geschäftsführerin, Arbeitsgemeinschaft Literarischer Gesellschaften und Gedenkstätten (ALG), Berlin

Lahmé, Antonia, Kulturstiftung des Bundes, Wissensch. Mitarbeit Programmbereich, Halle an der Saale

Letko, Gerold, Dr., Abteilungsleiter, Land Sachsen-Anhalt, Kultusministerium, Magdeburg

Liebich, Brigitte, Rottenbach

Lorenz, Inge, Dr., Kulturbeauftragte, Wissenschaftsstadt Darmstadt, Darmstadt

Mann, Iris, Leiterin Hauptabteilung Kultur, Stadt Ulm, Kulturamt, Ulm

Marbs, Brigitte, Referatsleiterin, Ministerium f. Bildung, Wissenschaft u. Kultur Mecklenburg-Vorpommern, Schwerin

Martin, Olaf, Verbandsgeschäftsführer, Landschaftsverband Südniedersachsen, Northeim

Meyer, Kerstin, Kultur- und Bildungsmanagerin, Hamburg

Meyer, Barbara, c/o Kulturprojekte Berlin GmbH, Berlin

Mohrmann, Michael, Regionsamtsrat, Region Hannover, Team Kultur, Hannover

Müller, Harald, Kulturamtsleiter Stadt Neuss, Kulturamt, Neuss

Müller, Jürgen, Veranstaltungsmanagement, Hannover

Opitz, Stephan, Dr., Staatskanzlei Schleswig-Holstein, Abteilung 3: Kultur / Grundsatzfragen, Museen, Landesgeschichte, Salzau, Kiel

Oppenhausen, Inga, Arbeitsgemeinschaft Deutscher, Kunstvereine - ADKV, Berlin

Ostertag, Irene, Spielwerk Theater EUKITEA, Augsburg

Passarge, Roman, Kaufmännischer Geschäftsführer, Hamburger Kunsthalle, Hamburg

Peters, Jana, Goethe-Institut e.V., München

Pölking, Andreas, Dr., Büro Agroplan, Wolfenbüttel

Polok, Darius, Programmleiter „Kulturmanager aus Mittel- u. Osteuropa", Robert Bosch Stiftung, Berlin

Reiter, Michael, Dr., Geschäftsführer, Amt für Kultur- und Weiterbildung, Landeshauptstadt Kiel, Kiel

Richter, Reinhart, Dipl.- Kfm., Richter Beratung, Osnabrück

Ruben, Thomas, Referent, Ministerium für Wissenschaft, Forschung und Kultur des Landes Brandenburg, Potsdam

Saad, Sebastian, Dr., Referent, Der Beauftragte der Bundesregierung für Kultur und Medien (BKM), Berlin

Salem, Raschad, M.A., Medienberatung & Management, Berlin

Sappelt, Andreas, Diplom-Kulturpädagoge, stellv. Kulturamtsleiter der Universitäts u. Hansestadt Greifswald, Greifswald

Seemann, Birgit-Katharine, Dr., Fachbereichsleiterin für Kultur und Museum, Stadtverwaltung Potsdam, Potsdam

Schirra, Sabine, Kulturamtsleiterin, Stadt Mannheim, Kulturamt, Mannheim

Schneider, Vera, Universität des Saarlandes, CEval - Centrum für Evaluation, Bereichskoordination Bildung, Saarbrücken

Schulte, Susanne, Dr., Kulturmanagerin, Gesellschaft zur Förderung der Westfälischen Kulturarbeit e. V., Münster

Schulz, Christina, Dr., Kulturveranstaltungen des Bundes in Berlin GmbH, Berlin

Schumacher, Heidi, Leiterin der Kulturabteilung, Ministerium für Wissenschaft,Weiterbildung, Forschung und Kultur, Mainz

Siebert, Julia, Institut für Potenzialberatung, Köln

Sievers, Norbert, Dr., Geschäftsführer, Kulturpolitische Gesellschaft e.V., Haus der Kultur, Bonn

Siewert, Hans-Jörg, Dr., Niedersächsisches Ministerium für Wissenschaft und Kultur, Hannover

Stefer, Antonia, Marburg

Steinkrauss, Nils, Kulturprojekte Berlin GmbH, Berlin

Stockdreher, Petra, zweiplus Beratung Entwicklung Evaluation, München

Sydow, Heinrich, Fachreferent, Fraktion Bündnis `90/Die Grünen im Nds. Landtag, Hannover

Vasel, Rainer, Kulturamtsleiter, Region Hannover, Team Kultur, Hannover

Voesgen, Hermann, Professor Dr., FH Potsdam, Prodekan u. Leiter des Studiengangs, Studienbereich "Kultur u. Projektarbeit", Potsdam

Vorwerk, Christopher, Student Universität Hildesheim, Berlin

Weber, Manfred, Kaufmännischer Geschäftsführer, Neue Schauspiel GmbH, Düsseldorf

Weiß, Wolfgang, Prof. Dr., Bremerhaven

Wimmer, Michael, Dr., Institut für die Vermittlung von Kunst und Wissenschaft, Wien

Zeddies, Ruth, Verband der Bibliotheken in Nordrhein-Westfalen, Stadtbibliothek Bielefeld,

DIE WOLFENBÜTTELER AKADEMIE-TEXTE

Die Reihe WOLFENBÜTTELER AKADEMIE-TEXTE (WAT) wird von der BUNDESAKADEMIE FÜR KULTURELLE BILDUNG WOLFENBÜTTEL herausgegeben. Die Reihe dient vor allem dazu, Arbeitsergebnisse aus Veranstaltungen der Akademie zu dokumentieren und einer breiteren Öffentlichkeit zugänglich zu machen. Bislang sind folgende Bände erschienen:

WAT 1:   Karl Ermert (Hrsg.): Ehrenamt in Kultur und Arbeitsgesellschaft. Wolfenbüttel 2000. 156 S. € 10,50. ISBN 3-929622-01-7

WAT 2:   Karl Ermert / Thomas Lang (Hrsg.): Die Förderung von Kunst und Kultur in den Kommunen. Kommunikationsformen, Willensbildung, Verfahrensweisen. Wolfenbüttel 2000. 128 S. € 10,-. ISBN 3-929622-02-5

WAT 3:   Klaus N. Frick & Olaf Kutzmutz (Hrsg.): Nicht von dieser Welt? Aus der Sciencefiction-Werkstatt. Wolfenbüttel 2001. 112 S. € 8,-. ISBN 3-929622-03-3

WAT 4:   Sabine Baumann (Hrsg.): Nachts... Bilderbücher mit allen Sinnen erfassen. Wolfenbüttel 2001. 68 S., zahlr. s/w-Abb. € 8,- ISBN 3-929622-04-1 (vergriffen)

WAT 5:   Olaf Kutzmutz (Hrsg.): Harry Potter oder Warum wir Zauberer brauchen. Wolfenbüttel 2001. 112 S. € 9,-. ISBN 3-929622-05-X

WAT 6:   Karl Ermert (Hrsg.): Kultur als Entwicklungsfaktor. Kulturförderung als Strukturpolitik?. Wolfenbüttel 2002. 128 S. € 10,40. ISBN 3-929622-06-8

WAT 7:   Sabine Baumann (Hrsg.): Künstlervertretungen im 21. Jahrhundert – International Artist Tools. Wolfenbüttel 2002. 98 S. € 8,-. ISBN 3-929622-07-6

WAT 8:   Katrin Bothe, Andrea Ehlert, Friederike Kohn, Peter Larisch (Hrsg.): Destillate. Literatur Labor Wolfenbüttel 2001. Wolfenbüttel 2002. 182 S. € 10,40. ISBN 3-929622-08-4

WAT 9:   Olaf Kutzmutz (Hrsg.): Warum wir lesen, was wir lesen. Beiträge zum literarischen Kanon. Wolfenbüttel 2002. 112 S. € 9,-. ISBN 3-929622-09-2

WAT 10:   Katrin Bothe, Andrea Ehlert, Friederike Kohn, Peter Larisch (Hrsg.): Destillate. Literatur Labor Wolfenbüttel 2002. Wolfenbüttel 2003. 136 S. € 9,-. ISBN 3-929622-10-6

Wat 11:   Karl Ermert (Hrsg.): Kunst-Griffe. Über Möglichkeiten künstlerischer Methoden in Bildungsprozessen. Wolfenbüttel 2003. 148 S., € 11,20. ISBN 3-92622-11-4

WAT 12:   Karl Ermert (Hrsg.): Bürgerschaftliches Engagement in der Kultur –
           Politische Aufgaben und Perspektiven. Wolfenbüttel 2003. 164 S. € 11,50.
           ISBN 3-929622-12-2

WAT 13:   Annette Gisevius, Sabine Baumann (Hrsg.): Aktiv im Kunstverein. Strategien
           zur Arbeit mit Ehrenamtlichen. Sonderband. Wolfenbüttel 2004. ca. 116 S. € 9.
           ISBN 3-929622-13-0

WAT 14   Olaf Kutzmutz, Peter Waterhouse (Hrsg.): Halbe Sachen. Dokument der
           Wolfenbütteler Übersetzergespräche I-III. Wolfenbüttel 2004. 272 S. € 15,90.
           ISBN 3-929622-14-9

WAT 15: Karl Ermert und Olaf Kutzmutz (Hrsg.): Wie aufs Blatt kommt, was im Kopf
           steckt. Beiträge zum Kreativen Schreiben. Wolfenbüttel 2005. ca. 160 S.,
           € 11,90. ISBN 3-929622-15-7

WAT 16:   Katrin Bothe, Andrea Ehlert, Friederike Kohn, Peter Larisch (Hrsg.):
           Destillate. Literatur Labor Wolfenbüttel 2003. Wolfenbüttel 2004. 128 S.
           € 9,20. ISBN 3-929622-16-5

WAT 17   Karl Ermert, Annette Brinkmann, Gabriele Lieber (Hrsg.): Ästhetische
           Erziehung und neue Medien. Zwischenbilanz zum BLK-Programm
           „Kulturelle Bildung im Medienzeitalter". Wolfenbüttel 2004. 300 S.,
           zahlreiche s/w-Abb., € 18,90 . ISBN 3-929622-17-3

WAT 18   Karl Ermert (Hrsg.): Evaluation in der Kulturförderung. Über Grundlagen
           kulturpolitischer Entscheidungen. Wolfenbüttel 2004. 124 S., € 10,-. ISBN 3-
           929622-18-1

WAT 19:   Katrin Bothe, Andrea Ehlert, Friederike Kohn, Klaus Thiele (Hrsg.):
           Destillate. Literatur Labor Wolfenbüttel 2004. Wolfenbüttel 2005. 132 S.
           € 9,60-. ISBN 3-929622-19-X

WAT 20:   Sabine Baumann (Hrsg.) Künstlerische Erfolgsstrategien – ein Dialog
           zwischen Ost und West. Wolfenbüttel 2005. 254 S. € 14,90. ISBN 3.929622-
           20-3

WAT 21:   Katrin Bothe, Andrea Ehlert, Friederike Kohn, Peter Larisch (Hrsg.):
           Destillate. Literatur Labor Wolfenbüttel 2005. Wolfenbüttel 2005. 168 S.
           € 11,20. ISBN 3-929622-21-1

WAT 22:   Sabine Baumann, Leonie Baumann (Hrsg.): Wo laufen S(s)ie denn hin?!
           Neue Formen der Kunstvermittlung fördern. Wolfenbüttel 2006. 260 S.
           € 14,90. ISBN 3-929622-22-X

WAT 23:   Andreas Eschbach, Klaus N. Frick, Olaf Kutzmutz (Hrsg.) Wolf N. Büttel.
           Sie hatten 44 Stunden. Wolfenbüttel 2006. 320 S. € 17,90. ISBN 3-929622-
           23-8

WAT 24:   Olaf Kutzmutz, Adrian La Salvia (Hrsg.), Halbe Sachen. Wolfenbütteler
           Übersetzer-gespräche IV-VI. Wolfenbüttel 2006. 504 S. € 19,90. ISBN 3-
           929622-24-6 (Nur bei der Bundesakademie erhältlich!)

WAT 25: Karl Ermert, Thomas Lang (Hrsg.): Alte Meister. Über Rolle und Ort Älterer in Kultur und kultureller Bildung. Wolfenbüttel 2006. 170 S. € 11,40. ISBN 3-929622-25-4

WAT 26: Katrin Bothe, Andrea Ehlert, Friederike Kohn, Peter Larisch (Hrsg.): Destillate. Literatur Labor Wolfenbüttel 2006. Wolfenbüttel 2005. 132 S. € 9,90. ISBN 978-3-929622-26-3 (nur noch über Buchhandel!)

WAT 27: Karl Ermert (Hrsg.): Staatsziel Kultur – Symbolpolitik oder mehr? Wolfenbüttel 2007. 90 S. € 6,90. ISBN 978-3-929622-27-0

WAT 28: Karl Ermert (Hrsg.): Kulturelle Bildung und Schule – Netzwerke oder Inseln? Herausforderung für Praxis, Theorie und Politik. Wolfenbüttel 2007. 112 S. € 9,20, ISBN 978-3-929622-28-7

WAT 29: Sabine Baumann, Bettina Peltz (Hrsg.): Professionalisierung: Konzepte in den Künsten. Wolfenbüttel 2007. 92 S. € 9,-. ISBN 978-3-929622-29-4

WAT 30: Andreas Grünewald Steiger, Rita Klages (Hrsg.): Forum Kultur: Die Praxis der Interkultur. Dokumentation des Symposions vom 1.-2. Juni 2006. Wolfenbüttel 2007. 130 S. € 9,80, ISBN 978-3-929622-30-0

WAT 31: Olaf Kutzmutz (Hrsg.): Geld, Ruhm und andere Kleinigkeiten. Autor und Markt – John von Düffel. Wolfenbüttel 2007. 87 S. € 8,-. ISBN 978-3-929622-31-7

WAT 32: Andreas Grünewald Steiger, Jörn Brunotte (Hrsg.): Forum Kultur; Kulturtourismus – Qualitäten des kultivierten Reisens. Wolfenbüttel 2007. 156 S. € 11,90. ISBN 978-3-929622-32-4

Zu beziehen über Buchhandel und Akademie (zzgl. Versandkostenanteil) oder direkt bei Libri (www.libri.de). Bei den Preisangaben Änderungen vorbehalten.

Außerhalb der Reihe erschienen:

Rolf Thiele: Ästhetik der Überforderung. Versuch einer Künstlerästhetik. Aufzeichnungen. Band 2. Wolfenbüttel 2006. 501 S., ISBN 3-929622 98 X; Band 3. Wolfenbüttel 2006, 505 S.; ISBN 3-929622-99-8. Die Bände sind nur geschlossen und bei der Akademie beziehbar, Gesamtpreis € 85,60

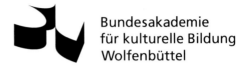

Bundesakademie
für kulturelle Bildung
Wolfenbüttel

Ziele

Die Akademie, gegr. 1986, versteht sich als Ort für Kunst, Kultur und ihre Vermittler. Ihr Zweck besteht darin, kulturelle Bildung weiter zu entwickeln. Das geschieht insbesondere durch Fort- und Weiterbildung von haupt-, neben- oder ehrenamtlich tätigen Personen, die künstlerisch und/oder kulturvermittelnd arbeiten. Über die Fortbildung von Multiplikatoren sollen Kulturarbeit professionalisiert, hochqualifiziertes Personal auf dem Arbeitsmarkt der kulturproduzierenden und kulturvermittelnden Berufe in Deutschland gestärkt, bundesweit zur kulturellen Entwicklung in unserer Gesellschaft beigetragen werden.

Angebot und Arbeitsweise

Die Akademie bietet vor allem berufs- oder tätigkeitsbezogene Fortbildungsseminare in derzeit fünf Programmbereichen an: Bildende Kunst, Literatur, Museum, Musik und Theater, die auch interdisziplinär und zusammenarbeiten. Hinzu kommen Themen aus dem Bereich Präsentation, Management und Organisation sowie Kulturpolitik.

Fachtagungen, Kolloquien und Symposien ergänzen das Angebot. Hier arbeiten Experten, politisch und administrativ Verantwortliche sowie Betroffene im Kulturbereich an gemeinsamer Problemanalyse und suchen nach Problemlösungen. Publikationen, von Buch und Broschüre (in der Reihe *Wolfenbütteler Akademie-Texte*) bis zum Internet-Angebot sowie Beratungen für Einrichtungen und Einzelpersonen (Coaching) runden die Produktpalette ab.

Die Fortbildungsarbeit geschieht konkret und praxisorientiert in meist drei- bis fünftägigen Seminaren. Gruppen in überschaubarer Größe erarbeiten ihre Themen mit den ProgrammleiterInnen der Akademie und in der Regel auch mit externen DozentInnen bzw. ReferentInnen, die für die fachlichen Spezialthemen besondere Qualifikationen aufweisen. Die meisten Programmbereiche bieten auch mehrteilige Kursreihen an, teils mit Zertifikatsabschluss.

Es bestehen zahlreiche Kooperationen mit Verbänden, Stiftungen, Hochschulen, Rundfunkanstalten, Einrichtungen der Lehrerfortbildung usw.

Gastbelegungen sind möglich.

Standort und Trägerschaft

Die Akademie arbeitet im Schloss Wolfenbüttel und in ihrem Gästehaus, einer ehemaligen Wassermühle, in einem ebenso funktionalen wie stilvollen Kontext. Sie wurde 1986 gegründet und wird unterhalten durch einen gemeinnützigen Trägerverein, dem neben Einzelpersonen und zahlreichen Kulturverbänden Stadt und Landkreis Wolfenbüttel, die Länder Niedersachsen und Bremen sowie der Bund angehören. Die institutionelle Grundförderung durch das Land Niedersachsen wird ergänzt durch Projektförderung des Bundes sowie weitere, wechselnde Drittmittelgeber.

Das Gästehaus, „Schünemannsche Mühle"   Schloss Wolfenbüttel

Bundesakademie für kulturelle Bildung Wolfenbüttel
Postfach 1140
38281 Wolfenbüttel
Tel. 05331-808-411
Fax 05331-808-413
E-Mail zentral: post@bundesakademie.de

Im Internet: www.bundesakademie.de